모택동이 들려주는

건국 이야기

모택동이 들려주는

건국 이야기

ⓒ 이철승, 2006

초판 1쇄 발행일 2006년 8월 25일
초판 13쇄 발행일 2022년 3월 31일

지은이   이철승
그림   배유정
펴낸이   정은영

펴낸곳   (주)자음과모음
출판등록   2001년 11월 28일 제2001-000259호
주소   10881 경기도 파주시 회동길 325-20
전화   편집부 (02)324-2347 경영지원부 (02)325-6047
팩스   편집부 (02)324-2348 경영지원부 (02)2648-1311
e-mail   jamoteen@jamobook.com

ISBN 978-89-544-1952-9 (64100)

모택동이 들려주는
건국 이야기

이철승 지음

|주|자음과모음

책머리에

　지금부터 10년 전쯤 어린이를 대상으로 하여 한국 철학의 내용을 집필한 경험을 살려 이 글을 썼지만, 역시 어렵습니다. 사실 공부를 많이 한 사람이라면 자기의 연구 분야에 대해 대상이 누구든 관계없이 그 대상에 맞게 글을 쉽게 쓸 수 있어야 하는데, 아직 공부가 깊지 못한 관계로 글의 내용이 미숙하기만 합니다.

　이 때문에 글 쓰는 것을 차일피일 미루다 보니 출판사에 계신 분들이 답답했나 봅니다. 조그만 휴대 전화기에서 들려오는 목소리는 매우 부드러웠지만, 더 이상 미루어서는 안 될 분위기가 조성되었습니다. 어차피 피할 수 없는 상황을 감지한 후, 출판사의 독촉을 핑계 삼아 무리수를 두기로 했습니다.

　초등학교에 다니는 둘째 딸 유화에게 여러 수 배우며, 글을 집필하였습니다. 생각의 키를 초등학생에게 맞추기 위해 노력하는 일은 대학생들에게 익숙하던 언어 습관을 새로운 차원으로 승화시켜야 했습니다.

중국은 현재 우리나라와 외교 관계가 매우 활발하게 진행되고 있는 나라입니다. 현재 우리나라의 대외 무역액 가운데 중국이 가장 큰 규모를 차지하고 있습니다. 역사적으로 우리나라와 밀접하게 관계했던 중국은 정치, 경제, 사회, 문화, 교육 등 거의 모든 방면에서 앞으로도 긴밀하게 관계할 것으로 전망됩니다. 중국의 실상을 깊이 있게 알수록 우리는 중국에 대해 더욱 알차게 준비할 수 있을 것입니다.

모택동은 현대 중국인들에게 영향을 가장 많이 미친 사람 가운데 한 사람입니다. 오늘날의 중국인들에게 모택동은 신중국을 있게 한 장본인으로 여겨지고 있습니다. 오늘날 13억이 넘는 중국인들의 가슴에 모택동은 나라의 아버지로 여겨지고 있을 정도입니다. 중국인들의 모택동에 대한 생각은 우리나라 사람들이 세종대왕이나 이순신 장군을 생각하는 것과 비슷하다고 할 수 있습니다. 비록 모택동이 신중국을 건국한 1949년 이후에 일부의 오류를 범하기는 했지만, 여전히 중국인들에게 모택동의 위상은 높습니다.

신중국을 성립하기 전까지 모택동의 삶은 고난과 투쟁의 연속이라고 할 수 있습니다. 그는 한편으로 일본 제국주의와 싸우고, 다른 한편으로 장개석 총통을 대표로 하는 국민당 정권의 핍박을 이겨야 했으며, 다른 한편으로 그가 속한 공산당 내의 여러 기회주의자들의 유혹을 물리쳐야 했습니다.

그는 또 전통적인 중국인들의 기본 사상이라고 할 수 있는 '실사구시(實事求是: 실제적인 일에서 타당함을 찾는다)' 정신을 몸소 실천하면서 민중 중심의 정치 노선과 자주 독립의 정신을 배경으로 하여 당시의 문제를 해결하기 위해 노력하였습니다.

그는 기본적으로 세계를 완결된 상태로 보지 않고, 모순으로 보고 있습니다. 그는 이 모순을 해결하기 위한 과정이 바로 인류 역사의 발전 과정이라고 했습니다. 그는 이러한 세상의 원리를 정확하게 알아서 바

르게 실천할 때 중국의 미래와 더불어 인류의 미래가 밝아질 것이라고
했습니다.

 그는 평화로우면서도 균등한 세상에서 민중들이 서로 협력하여 건강
한 공동체 문화를 이루는 것을 바로 건국의 핵심 사항으로 여겼습니다.
그는 이를 위해 안팎에서 끊임없이 전개되는 모진 어려움을 당당하게
극복하면서 신중국을 세웠던 것입니다.

 이 책은 제목이 암시하고 있듯이 그의 여러 행적 가운데, '건국'에 초
점을 맞추었습니다. 이것은 올바른 가치관에 근거한 '건국'의 의미가 얼
마나 중요한지에 대해 모택동의 예를 통해 드러내고자 하는 것입니다.

 이 때문에 이 글은 모택동의 일생에 관한 내용이나 그의 여러 사상을
종합적으로 취급하지 않고, 1949년 10월 1일 '중화인민공화국'이 성립
되기까지의 삶과 사상을 취급하였습니다.

 여러분들이 이 책을 통해 바른 뜻을 세우고, 그 뜻을 이루는 과정의 성

실함에서 나타나는 광활한 지혜를 획득하시기 바랍니다.

끝으로 이 글을 읽고 훈수를 아끼지 않은 유화에게 고마움을 전함과 아울러, 교정을 꼼꼼하게 봐 준 출판사 분들에게 감사함을 전합니다.

자연의 초록 내음이 어린이들의 마음에 젖어드는

2006년 8월 어느 날에

이철승 씀

C O N T E N T S

프롤로그

'따르릉, 따르릉'

전화가 울렸습니다. 엄마는 볼일이 있어 밖에 나가셔서 집에 혼자 있던 유리가 전화를 받았습니다.

"웨이 니 하오?"

중국 말로 물었는데, 한국 말이 들려왔습니다.

"유리야, 아빠야."

아빠라는 말에 유리는 무척 반가웠습니다.

"아빠!"

"지금 집으로 가는 길인데, 우리 유리 뭐 먹고 싶은 거 없냐? 아빠가 사 줄게."

유리는 한국에서 먹던 떡볶이가 떠올랐습니다.

"떡볶이 사다 주세요. 그리고 빨리 오세요."

아빠는 그러마 하고 전화를 끊었습니다.

지난 봄, 유리네는 중국 북경으로 이사 왔습니다. 아빠가 중국에 있는 회사로 일자리를 얻었기 때문이었습니다. 한국에서는 유리와 곧잘 놀아 주던 아빠였는데, 중국에 온 뒤로는 일이 많아 아침 일찍 나가 저녁 늦게야 돌아왔습니다. 오늘은 웬일인지 퇴근시간도 안 됐는데, 일찌감치 들어온 것입니다.

　맵싸한 떡볶이 냄새를 풍기며 아빠가 집으로 들어왔습니다. 유리는 달려가 아빠 목에 매달렸습니다.

　"와! 우리 아빠가 일찍 들어오셨다."

　아빠는 유리를 번쩍 들어안았습니다.

　내일 10월 1일은 중국의 국경일이라 아빠의 회사도 쉬는데, 오늘부터 유리와 함께 있으려고 일찍 일을 끝내고 퇴근한 것입니다.

　"유리야, 내일 모택동 기념관에 가자!"

　아빠와 여행한다니 유리는 기뻐 소리쳤습니다.

"야! 신난다."

그런데, 많고 많은 중국의 관광지 가운데 왜 하필이면 모택동 기념관에 가자고 하는지 유리는 궁금했습니다.

"모택동 기념관에 놀이 기구는 있어요? 재밌는 영화를 틀어 주나요?"

아빠는 그런 것은 없다고 말했습니다.

"피! 그런 것도 없는데 왜 가요?"

아빠가 유리를 끌어안으며 말했습니다.

"아빠가 지금부터 재밌는 얘기를 들려줄게. 이야기를 듣고 나면 유리도 틀림없이 모택동 기념관에 가고 싶을 거야."

얘기라는 말에 유리가 귀를 쫑긋 세웠습니다.

"자, 시작한다."

불완전한 세상

 인민, 오직 인민만이 세계 역사를 만드는 원동력이다.

—모택동

1 모순 마을 사람들

모순 마을이 있었습니다. 마을 사람들은 농사를 지으며 살았습니다. 그렇다고 마을 사람들 모두 땅을 가진 것은 아니었습니다. 혼자 농사를 지을 수 없을 만큼 땅이 많은 사람도 있었으나, 땅 한 뙈기도 갖지 못한 사람들이 더 많았습니다. 자기 땅이 없는 사람들은 땅이 많은 사람의 농사를 대신 지어 주고 품삯을 받으며 살아갔습니다. 그런 사람들 가운데 모택준이라는 청년이 있었습니다.

가난한 택준은 병든 어머니를 모시며 살았습니다. 어머니는 늘 택준에게 말했습니다.

"택준아, 재산도 물려주지 못한 데다 몸까지 아파서 네가 나 때문에 고생이 많구나. 약값에 병원비까지 들고. 미안하다."

그러면 택준은 어머니 손을 꼭 잡고 위로했습니다.

"무슨 말씀이세요, 어머니. 어머니가 저를 낳아 주시고 길러 주셨는데, 당연히 제가 어머니를 모셔야지요. 제가 열심히 일하면 우리 집도 금방 땅을 살 수 있어요. 그리고 어머니 병도 곧 나을 거예요. 걱정 마세요."

어머니는 택준의 말에 위로를 받았습니다. 하지만 어머니 병은 점점 더 나빠져만 갔습니다.

남달리 성실한 택준은 장씨라는 사람 집에서 열심히 일했습니다. 장씨는 모순 마을에서 가장 땅이 많은 부자였습니다. 택준이뿐 아니라 많은 사람들이 장씨네 농사일을 하며 품삯을 받았습니다.

그러던 어느 날, 모순 마을 사람들은 '이장'을 뽑기로 했습니다. 마을에 사람들이 많다 보니 의견을 내놓거나, 관청에 갈 일이 많아서, 마을 일을 도맡아 할 수 있는 '이장'이 필요했던 것입니다.

장씨가 이장을 하겠다며 나섰습니다.

"모두 알겠지만, 나는 땅이 많아요. 우리 집에서 일하는 사람도 많고요. 내가 모순 마을 사람들을 먹여 살리는 거나 마찬가지지. 또, 내가 이 마을 사람 가운데 가장 좋은 학교를 나왔다는 건 모두 아는 사실이지. 나같이 땅도 많고, 좋은 학교를 나온 사람이 모순 마을을 대표해야지. 그래야 관청 사람들이 우리 마을을 업신여기지 않지."

장씨가 거드름을 피우며 말하자, 마을 사람들은 그 말에 고개를 끄덕였습니다. 마을을 대표하는 사람이라면 부자에, 학벌 좋은 장씨가 알맞은 것 같았습니다. 택준을 비롯해 순박한 모순 마을 사람들은 결국 장씨를 이장으로 뽑았습니다.

이장이 되고 나서 장씨는 더욱 거만해졌습니다. 자기 집 농사일을 해 주는 택준과 사람들에게 큰소리치기 일쑤였습니다.

"내 땅이 아니면 너희는 모두 굶어 죽을 거야. 그러니 내 말 잘 들으라고."

그 말에 화가 났지만, 누구 한 사람 장씨에게 아무 말 못했습니다. 그랬다가는 장씨가 도리어 화내며 일을 주지 않을 것 같았기 때문이었습니다. 사람들은 그저 묵묵히 일만 열심히 했습니다.

품삯을 받는 날이 되었습니다. 택준을 비롯해 장씨 집에서 일했던 사람들은 장씨네로 모여들었습니다.

"몇 달 만에 드디어 품삯을 받는군. 얼씨구 좋네."

"돈 받아서 쌀 사고 나면 남는 게 없지만, 돈을 받으니 신나는군."

사람들은 들뜬 마음으로 웅성거리며 장씨가 나오기를 기다렸습니다. 택준은 품삯을 받아서 어머니 약값과 병원비를 내야 하기 때문에 더욱 가슴이 뛰었습니다.

'이 품삯으로 산 약이 어머니 병을 낫게 할 거야.'

그러나 장씨는 사람들에게 돈을 줄 수 없다고 말했습니다.

"내가 돈을 마련하지 못했어. 며칠 뒤에 줄 테니 오늘은 돌아들 가라고."

모여 있던 사람들은 장씨의 말에 어리둥절했습니다. 돈을 쌓아 놓고 사는 부잣집에서 품삯 줄 돈이 없다니 말이 안 되는 일이었기 때문이었습니다. 그렇지만 누구 한 사람 나서서 장씨에게 돈을 달라고 말하지 못했습니다. 장씨의 눈 밖에 나면 다시는 그 집 일을 못하게 될 것이 뻔했으니까요. 그러면 일거리가 떨어지고, 결국 일거리를 찾아 정든 마을을 떠나야 하기 때문입니다.

택준은 병든 어머니를 떠올리며 가까스로 용기를 냈습니다.

"그럼 언제 품삯을 받을 수 있나요?"

장씨는 짜증을 내며 대답했습니다.

"내가 그 돈 떼어먹을까봐 그래! 돈이 마련되면 줄 테니 걱정들 말고 돌아가."

사람들은 할 수 없이 장씨 집에서 나오고 말았습니다. 걱정거리에 서로 말 한마디 없었습니다.

사실 장씨는 품삯을 줄 돈이 있었습니다. 하지만 선뜻 돈을 주자니 아까웠습니다. 자기 돈을 빼앗기는 것 같았습니다. 그래서 하루, 이틀 미루기로 마음먹었던 것입니다.

택준은 쓸쓸히 집으로 돌아왔습니다. 집으로 돌아와 보니 어머니가 의식을 잃고 쓰러져 있었습니다. 택준은 어머니를 흔들어 깨웠지만 어머니는 깨어날 줄 몰랐습니다.

택준은 어머니를 큰 병원으로 옮겼습니다. 어머니를 진료한 의사는 서둘러 수술을 받아야 한다고 말했습니다. 어머니가 위급하다는 말에 가슴이 덜컥 내려앉은 택준은 엄청난 수술비에 또다시 눈앞이 캄캄했습니다. 택준은 병원비를 마련하기 위해 서둘러 장씨에게 달려갔습니다.

장씨를 만난 택준은 사정을 얘기했습니다.

"품삯 받아도 수술비가 모자라지만, 그것이라도 있으면 의사 선생님께 사정해 볼 수 있습니다. 그러니 품삯을 마련해 주세요."

택준의 말에 장씨는 귀찮다는 듯 눈살을 찌푸렸습니다.

"오늘은 줄 돈이 없으니 다음 주에 와."

그 말에 힘이 쭉 빠졌지만, 다음 주면 되겠지 하는 희망에 택준은 알았다고 말하고 병원으로 달려갔습니다.

1주일이 지나고 택준은 다시 장씨를 찾아갔습니다. 하지만 이번에도 장씨는 돈이 없다며 다음 주에 오라고 일렀습니다.

다시 1주일이 지났습니다. 장씨는 아예 택준을 만나 주지도 않았습니다.

어머니 수술비에 마음이 급한 택준은 다음 날 일찌감치 장씨를 찾아갔습니다.

"예의는 아니지만 어제 왔더니 안 계셔서 아침부터 찾아왔습니다. 약속하신 품삯을 받아야겠습니다."

택준이 장씨에게 말했습니다. 귀찮은 듯 택준의 말을 듣던 장씨가 집 안으로 들어가 봉투를 들고 나왔습니다.

"내가 이 돈 마련하느라고 애 많이 썼어. 그거는 알고 있게. 여기."

장씨가 내민 봉투를 받고 택준은 고맙다며 몇 번이고 고개 숙여 인사했습니다.

"고맙습니다. 고맙습니다."

집으로 돌아온 택준은 봉투를 열어 보고 깜짝 놀랐습니다. 주기로 되어 있는 품삯의 반밖에 돈이 들어 있지 않았기 때문이었습니다.

"이 돈으로는 수술비를 댈 수 없는데. 안 되겠어. 다시 가서 얘기해야지."

택준은 다시 장씨에게 찾아갔습니다. 그러나 장씨는 회의 때문에 관청에 가고 없었습니다. 힘이 쭉 빠진 택준은 집으로 돌아오고 말았습니다.

한편, 장씨는 면사무소에서 친구를 만나고 있었습니다. 택준이나 장씨가 살고 있는 모순 마을과 같은 마을 수십 개가 모여 이루어진 것을 '면'이라고 합니다. 면사무소는 면에서 일어나는 일을 맡아 보는 관청을 말합니다. 장씨의 친구는 다름 아닌 면사무소에서 가장 높은 벼슬인 면장이었습니다.

면장이 장씨에게 은근히 말을 꺼냈습니다.

"나라에서 말이지, '평화로운 마을'을 뽑기로 했다네."

눈치가 빠른 장씨는 면장이 하는 말이 그냥 하는 말이 아니라는 것쯤은 짐작하고 있었습니다.

"'평화로운 마을'이 되면 무엇이 좋은가?"

"거야 좋은 일이 많지. 표창장이 나가는 것은 물론이고 지원금도 내려준다네. 아마 방송이나 신문에도 크게 날 거고. 그러면 나라에서 가장 유명한 마을이 될 테지."

장씨는 유명해진다는 말보다 지원금이 나온다는 말에 귀가 솔깃했습니다.

"얼마나 많은 돈이 나오는데?"

"나라에서 내려오는 돈도 많고, 게다가 큰 기업에서도 돈을 대준다는군."

그 말에 장씨는 면장에게 바짝 다가갔습니다.

"그러면 '평화로운 마을'로 뽑히려면 어떻게 하면 되나?"

면장은 그럴 줄 알았다는 듯 장씨를 보며 말을 이었습니다.

"내가 친구니까 하는 말이니 잘 듣게. 나처럼 면장들이 한 마을씩 추천하고 그 마을들 가운데 일부를 나라에서 뽑는 거야. 모순 마을이야 조건이 딱 알맞아. 게다가 나야 자네 친구니까 물론 모순 마을을 추천할 거야. 하지만 추천받은 마을들 가운데 하나로 뽑히려면 윗자리에 있는 벼슬아치들에게도 잘 보여야 해. 잘 보이려면 어떻게 해야 하는지는 자네도 잘 알지?"

장씨는 모순 마을이 '평화로운 마을'로 뽑히면 많은 돈이 굴러 들어온다는 말에 품삯으로 줄 돈을 면장에게 주기로 마음먹었습니다.

'내 돈을 내 마음대로 한다는데 어떤 놈이 뭐라고 할까? 뭐라고 했다가는 다시는 내 집에서 일을 못하게 할 테니 두고 보라고.'

사실 모순 마을은 '평화로운 마을'이 되기에 알맞아서, 면장이 높은 벼슬아치들에게 돈을 주지 않아도 되었습니다. 단지 면장은 장씨에게 돈을 받아 자기 배를 채우려고 했던 것입니다.

그걸 모르는 장씨는 돈을 면장에게 건넸습니다.

"부탁이네. 우리 마을이 평화로운 마을로 뽑히도록 힘써 주게."

면장은 장씨가 주는 돈을 받았습니다.

"알았네. 내게 맡겨 두게."

장씨가 면장과 이야기를 하는 동안, 택준은 친구들과 이야기를 나누고 있었습니다. 친구들도 택준처럼 장씨 집에서 일하는 사람들이었습니다.

"택준이 자네, 장씨에게 품삯을 받았다면서?"

다른 사람들은 부러운 눈길로 택준을 바라보았습니다.

"미안하네. 모두 힘든 줄은 알지만, 우리 어머니 수술 때문에 장씨를 찾아가 돈을 달라고 했네."

미안한 마음에 택준이 입을 열었습니다.

"아닐세. 우리도 어떻게 하면 장씨에게 밀린 품삯을 받을 수 있는지 의논하려고 찾아온 거라네. 어찌하면 좋을까?"

택준은 그동안 있었던 일을 이야기 했습니다.

"1주일 뒤에 와라, 다시 1주일이면 줄 테니 와라, 미루더군. 그래서 어제는 아침 일찍 집으로 찾아갔다네. 그래서 돈을 간신히 받기는 했는데……."

택준이 말끝을 흐리자 사람들은 의아한 듯 바라보았습니다.

"왜? 돈을 받았다며 무슨 일이 있었나?"

"그게 말이지, 집에 돌아와 봉투를 열어 보니 주기로 한 품삯의 반밖에 안 들어 있더군."

사람들은 기가 막혀 할 말을 잃었습니다.

"저런, 저런, 우리는 자네가 돈을 받았다기에 부러워했더니만."

"그러게 말일세. 택준이나 우리나 다를 바가 없구면."

사람들은 쌀도 제대로 살 수 없는 처지인지라 하루 빨리 돈을 받아야 했습니다.

택준이 입을 열었습니다.

"오늘 아침에도 장씨네 갔더니, 면사무소에서 회의가 있어 나가고 없더군. 아무래도 안 되겠어. 이렇게 하루 이틀 미루다가 품삯을 언제 받을 수 있겠나?"

사람들은 고개를 끄덕였습니다. 택준이의 친구, 정렬이 분통을 터뜨렸습니다.

"밀린 품삯 달라고 말했다가 장씨네 일을 다시 못할까봐 두렵고, 말 안 하자니 굶어 죽겠고. 우린 어찌해야 하나?"

모인 사람들은 모두 한숨을 쉬었습니다.

"혼자 힘으로는 품삯을 받기 어려울 것 같네. 우리 모두 장씨를 찾아가서 말해 보면 어떻겠나?"

택준의 말에 사람들은 자기 의견을 내놓았습니다.

"그게 좋겠어. 아무리 장씨라지만 우리 모두에게 농사일을 못하게는 안 할 테지. 그러면 자기 농사 망칠 텐데."

"그러게나. 함께 가는 게 좋겠어."

의견을 모으니, 마음이 가벼웠습니다.

"그러면 내일 당장 장씨네 집으로 가세."

사람들은 내일 아침 일찍 만나기로 하고 헤어졌습니다.

다음 날 아침, 택준이를 비롯해 품삯을 받지 못했던 사람들이 장

모택동이 들려주는 건국 이야기

씨네로 갔습니다.

　사람들이 대문을 두드리고 문이 열리기만을 기다렸습니다.

　'끼이익!'

　대문이 열리며 장씨가 나왔습니다. 그런데 장씨의 옷차림이 보통 때와는 달랐습니다. 어디를 가는지 근사하게 잘 차려입었던 것입니다. 또 뭐가 좋은지 장씨는 웃는 얼굴이었습니다.

　"아침부터 웬일이야? 허허허."

장씨가 웃는 바람에 모두 할 말을 잃고 말았습니다.

"무슨 좋은 일이라도 있습니까?"

되레 장씨에게 무슨 일이 있는지 물어보기까지 했습니다.

"좋은 일? 있고말고. 우리 마을이 '평화로운 마을'로 뽑혔다는 군. 모두 내가 열심히 했기 때문이지."

장씨는 모든 일이 자기가 잘해서 된 양 큰소리쳤습니다. 사람들도 그 말에 웅성거렸습니다.

장씨가 옷매무새를 고치며 말했습니다.

"나 지금 서울 가야 해. 표창장 받으러 말일세."

모여 있던 사람들은 마을이 잘되었다는 얘기에 장씨를 칭찬하지 않을 수 없었습니다.

"'평화로운 마을'로 뽑혔다니 좋은 일이네요."

"모두 이장님 덕분이지요."

장씨는 서울로 간다며 발걸음을 떼었습니다. 사람들은 장씨에게 잘 다녀오라며 인사했습니다. 하지만 품삯을 달라는 말은 한 마디도 할 수 없었습니다.

2 책에서 찾아낸 세상의 모순

많은 사람들이 모인 가운데, '평화로운 마을'에 대한 시상식이 열렸습니다. 방송국과 신문사에서도 기자들이 나와 상 받는 모습을 취재했습니다.

"모순 마을이 '평화로운 마을'로 선정되었습니다. 마을 대표는 앞으로 나와 주세요."

사회자가 모순 마을 대표를 부르자, 장씨가 시상대에 올라가 상을 받았습니다. 물론 상금도 함께 받았습니다.

장씨가 상을 받았다는 소식이 모순 마을에 퍼졌습니다. 마을 사람들은 장씨를 보기 위해 마을 어귀로 모여들었습니다. 택준과 친구들도 빠지지 않았습니다.

이윽고 장씨가 면장과 함께 마을에 들어섰습니다. 자랑스러운 얼굴로 장씨가 표창장을 높이 들자 마을 사람들이 박수를 쳤습니다.

"나라에서 주는 상을 받고 잘했네. 잘했어."

"역시, 우리 이장님은 대단해!"

갑자기 누군가 잔치를 벌이자고 소리쳤습니다.

"우리 마을에 경사가 났네. 잔치를 벌여야지."

그 말에 모두 좋다며 찬성하였습니다.

"조금씩 돈을 거둬서 잔치를 벌이자고."

"그러세."

마을 사람들은 한 푼, 두 푼씩 돈을 모았습니다. 그리고 음식과 술을 장만해 잔치를 벌였습니다.

장씨는 상금이 있다는 말을 하지 않았습니다. 상금으로 잔치를 벌이기에 충분했으나, 장씨는 그 돈을 잔치에 쓸 생각이 조금도 없었습니다. 다만 선심 쓰듯이 한마디했습니다.

"기분 좋은 날인데 나도 보태겠습니다."

그러면서 얼마 안 되는 돈을 냈습니다.

잔치가 벌어지자 면장이 마을 사람들에게 말했습니다.

"여러분들은 훌륭한 장 이장님과 함께 사는 걸 고마워해야 합니다. 나라에서 주는 상은 아무나 받는 게 아닙니다. 장 이장님처럼 대단한 사람이라야 받는 겁니다."

면장은 마치 모순 마을이 아니라 장씨가 상을 받은 것처럼 말했습니다. 장씨도 앞으로 나가 한 마디했습니다.

"모두 면장님 덕분이지요. 그래도 나를 알아주고 나라에서 상을 주니 기분이 좋습니다."

마치 자기가 잘 나서 상을 받았다는 듯이 말했습니다. 하지만 아무것도 모르는 마을 사람들은 장씨처럼 훌륭한 사람이 자기 마을의 이장이라는 것이 자랑스럽기만 했습니다. 게다가 다른 마을 사람들까지 소식을 듣고 찾아와 부러워하자 더욱 기분이 좋았습니다.

그 뒤, 장씨는 방송과 신문에 나오기 시작했습니다.

'모순 마을 이장, 장씨'

'평화로운 마을'로 선정된 모순 마을 이장 장씨.

마을 사람들은 장씨를 존경하기까지 했습니다.

그렇지만 장씨가 방송국이다, 신문사다 바쁘게 다니다 보니 정작 마을 일은 돌볼 틈이 없었습니다. 장씨가 해야 할 일들은 마을 사람들 스스로 했습니다.

택준이나 품삯을 받지 못한 사람들도 장씨를 만날 수 없었습니다. 몹시 바쁘다는 핑계로 만나 주지 않았습니다. 그래도 여전히 마을 사람들은 유명 인사가 된 장씨와 한마을에 산다는 것이 자랑스러웠습니다.

한편, 택준은 품삯을 못 받게 되자 병원비와 수술비 마련을 위해 집을 팔았습니다. 마을 사람들은 택준이 모순 마을을 떠나는 것을 바라보면서도 도움을 주지 못해 안타까웠습니다. 택준도 마을을 떠나는 게 무척 싫었지만, 다시 돌아올 것이라고 다짐했습니다.

모순 마을을 떠난 뒤 택준은 다른 일거리를 찾아다녔습니다. 어머니를 보살펴 드리면서 할 수 있는 일을 찾던 택준은 병원 사무국장을 찾아갔습니다.

"수술비를 마련하지 못했습니다. 어머니 옆에서 보살펴 드리면서 일할 수 있도록 도와주세요."

택준의 말을 듣고 있던 사무국장도 안타까운 마음이 들었습니다.

"내가 어떻게 도와주면 되겠나?"

택준은 고민했던 것을 말했습니다.

"병원 화장실 청소도 좋고, 빨래도 할 수 있습니다. 병원에서 일하고 싶습니다."

사무국장은 병원에서 일하도록 허락했습니다.

택준은 화장실 청소 등 굳은 일도 마다 않고 열심히 일했습니다. 일은 힘들어도 날마다 어머니를 볼 수 있어서 위로가 되었습니다.

그러던 어느 날, 화장실 청소를 하던 택준의 어깨를 누군가 탁 치며 반가워했습니다.

"자네, 모택준이지?"

택준은 누군가 싶어 머리를 들었습니다. 앞에는 어릴 적 친구인 산이 환하게 웃으며 택준을 바라보았습니다. 산은 의사들이 입는 흰 가운을 걸쳤습니다.

"산? 노산이구나."

쑥스러운 마음에 택준은 활짝 웃지도 않았습니다. 하지만 산은 그런 택준을 보면서도 거리낌 없이 손을 내밀었습니다.

"반갑네. 이게 얼마 만인가."

바지에 손을 쓱쓱 닦은 뒤 택준은 산의 손을 잡았습니다.

"나도 반갑네. 10년 전에 자네가 이사 가고 처음이지."

성이 노씨이고 이름이 산인 노산은 어릴 적 모순 마을에서 살았습니다. 택준과 산은 사이좋은 친구였습니다. 그러다 10년 전 산이 모순 마을에서 큰 도시로 이사했습니다. 그 뒤로 두 사람은 만나지 못했습니다. 지금 산은 병원 의사로, 택준은 청소부로 다시 만난 것입니다. 택준은 의사가 된 산이 부러웠고, 자기 처지가 부끄러웠습니다.

산이 먼저 택준의 안부를 물었습니다.

"이곳에서 언제부터 일했어? 농사일은 어쩌고? 어머니는 안녕하시고?"

쉬지 않고 산이 묻는 바람에 택준은 어떤 것부터 얘기해야 할지 몰라 잠시 머뭇거렸습니다.

"애고, 내가 너무 질문이 많았네. 이러고 있지 말고 우리 잠깐 밖에 나가서 얘기할까."

산은 택준을 데리고 쉴 만한 장소를 찾아서 앉았습니다.

택준은 산에게 그동안 있었던 일을 이야기했습니다. 장씨 집에서 일했던 것, 품삯을 받지 못한 일, 어머니 병이 심해 병원에 입원한 일, 수술비와 병원비를 마련하느라 청소 일을 하는 것 등을 모두 털어놨습니다.

택준의 말을 듣던 산이 장씨 이야기가 나오자 분노했습니다.

"그렇게 나쁜 사람이 있어. 누구 덕에 자기가 살아가는지 모르는 사람이군."

씩씩거리며 장씨를 비판하는 산을 보며 택준은 어쩐지 자기 편이라고 느꼈습니다. 그래도 다른 사람에 대해 나쁜 소리를 못하는지라 산에게 변명하듯 말했습니다.

"장씨가 돈이 없어서 못 준 거지. 그리고 우리 마을에 장씨 같은 사람이 있어서 방송에도 나고 얼마나 좋은데."

산은 지그시 택준을 바라보더니 또박또박 말했습니다.

"이봐 택준이. 자네는 대단한 일을 하는 사람이야. 아무리 많은 논과 밭이 있다고 해도 일할 사람이 없으면 그 논밭에서 쌀 한 톨 나오지 않아. 장씨 혼자 그 많은 논밭을 일구지는 못하지. 자네처럼 일하는 사람들이 없으면 장씨도 지금처럼 잘살 수 없는 거야. 많은 논밭이 아무 소용없지. 그러니 장씨는 자네를 비롯해 농사를 열심히 짓는 사람들에게 늘 고마워해야 해. 세상에서 가장 소중한 사람들은 바로 땅에서 땀 흘리며 일하는 사람들이야."

택준은 이제껏 자기가 세상에서 가장 소중하다는 얘기를 들은 적이 없었습니다. 산처럼 의사나 장씨처럼 좋은 학교를 나오고, 잘사는 사람들이 가장 소중한 사람인 줄 알았습니다. 산의 얘기를 들으면서 택준은 가슴 깊은 곳에서 무엇인지 뜨거운 것이 올라오는 것을 느꼈습니다.

산이 택준의 손을 잡았습니다.

"택준이, 자네 권리를 찾도록 해봐. 땀 흘려 열심히 일한 만큼 대가를 받아야지."

택준은 어떻게 하면 권리를 찾고 대가를 받을 수 있는지 몰랐습니다. 하지만 꼭 그렇게 하고 싶었습니다.

택준이 산에게 물었습니다.

"어떻게 하면 되는데?"

"세상을 알아야지. 그러려면 농민이나 노동자들이 알아야 할 지식이 많아. 내가 책을 빌려 줄 테니 읽어 봐."

산의 말에 택준은 고개를 끄덕였습니다. 학교도 많이 다니지 못했고, 책을 많이 읽은 적이 없지만, 택준은 세상을 알아야겠다는 욕심이 생겼습니다. 사실 택준은 상급 학교에 다니고 싶었습니다. 하지만 집이 가난해 상급 학교에 다닐 수 없었습니다. 또한 하루하루 먹고 살기 어려운 처지에 비싼 돈을 주고 책을 살 수도 없었습니다. 택준도 형편이 좋았더라면 공부도 하고 책도 많이 볼 수 있었을 것입니다. 다행히 산이 택준에게 책을 빌려 준다니 틈틈이 책을 읽기로 마음먹었습니다.

그 날 이후, 택준은 산이 건네주는 책을 읽었습니다. 처음에는 평소 읽지 않았던 책이라 쉽게 읽히지 않았지만, 몇 권 읽다 보니 점점 재미가 붙어서 손에서 책을 뗄 수 없을 정도였습니다. 일하는 시간과 어머니를 보살펴 드리는 시간도 빠듯하지만 택준은 잠을 아껴 가며 책을 읽었습니다.

옛날부터 전해 내려오는 이야기책과 훌륭한 사람들의 삶에 대해 쓴 책도 있었습니다. 또한 노동자나 농민 등이 권리를 찾은 이야기를 엮은 책도 있었습니다.

병실 한쪽에서 밤새 책을 읽는 택준을 바라보며 어머니는 흐뭇했습니다.

"책 읽는 것을 보니 참 좋구나. 우리 택준이가 학교 다닐 때는 공부도 잘했는데. 돈이 많았으면 지금쯤 의사도 되고, 판사도 되었을걸, 그게 미안하지."

택준은 책을 읽던 눈을 들어 어머니를 바라보았습니다.

"아니에요, 어머니. 지금이라도 이렇게 책을 읽으면 되지요."

책을 읽으면서 택준은 어려운 부분이 있으면 산에게 물었습니다. 그러면 산은 아주 친절하게 설명해 주었습니다.

택준은 책을 읽고 나서 생각에 깊이 잠겼습니다. 누구는 태어나면서부터 가진 것이 많고, 누구는 항상 가난하게 살아야 하는지. 왜 땀 흘려 열심히 일해도 항상 가난에서 벗어날 수 없는지. 부자이고 학력 좋고 가진 것이 많은 사람이 가난한 사람을 업신여겨도 되는지 등 많은 의문이 꼬리에 꼬리를 물고 이어졌습니다. 그 해답을 찾으려면 많은 생각을 하고 고민해야 한다는 사실도 깨달았습니다.

"산, 그 전에는 몰랐는데 말이지. 책을 읽으면서 세상에는 정말 많은 문제들이 있다는 걸 알았어. 세상을 더 알아갈수록 문제가 점점 많다는 것을 알게 되었네."

택준의 말에 산이 고개를 끄덕였습니다. 택준은 그동안 고민하던 것을 이야기했습니다.

"창(矛)과 방패(盾)를 만드는 사람이 있다고 해 보세. 이 사람은 어떤 방패든지 뚫을 수 있는 창을 만들어야 해. 또한 어떤 창으로 뚫든 모두 막아 낼 수 있는 방패도 만들어야지. 그러다 보면 창은 뭐든 뚫어야 하고, 방패는 뭐든 막아 내야 하니, 방패와 창을 모두 만드는 이 사람은 창과 방패를 제대로 잘 만들어 냈다고 해도, 다른 한편으로는 제대로 만들지 못하는 것이 되어 버리지. 내가 보기엔 이 방패와 창을 한꺼번에 만드는 사람처럼 세상은 온통 '불완전'해. 창과 방패의 관계처럼 서로 대립되는 것들로만 가득 찼지. 처음부터 세상은 조화롭지 못하고 어긋나 있던 거야. 바로 '모순(창과 방패의 관계)' 덩어리라고 할 수 있지."

산도 택준과 뜻을 함께 했습니다.

"자네 말이 옳아. 그래 세상은 완벽하지 않아."

택준이 말을 이었습니다.

"세상은 처음부터 완전한 사람도 없고, 완전한 것도 없어. 세상은 본래 문제투성이지. 하지만 세상은 항상 움직여 왔어. 좀 더 좋은 것, 좀 더 나은 것을 향해서 움직이고 있던 거야. 좋은 세상을 꿈꾸는 사람들이 세상을 움직이거든. 사람들의 노력이 세상을 바꾸는 거지. 그래야만 세상에 있는 '모순'이 달라질 수 있어. 세상은 장씨같이 사람들을 억압하는 사람이 있고, 나처럼 당하기만 하는 사람도 있는 거야. 하지만 억압받는 사람들이 구경만 하고 가만히 있으면 여전히 '모순'은 바뀌지 않지. 어떤 고통이 따르더라도 '모순'을 바꾸려고 노력해야 해."

산은 자신도 미처 깨닫지 못한 생각을 말하는 택준이 대견했습니다. 아니 도리어 택준이 자기보다 더욱 높은 수준으로 세상을

바라보고 알아 간다고 생각했습니다.

"저, 택준이……."

산은 무슨 말인가 하려다가 머뭇거렸습니다.

"왜?"

"아, 아니야."

택준은 산이 하려던 말이 별 일 아닐 거라고 생각하고 무심히 넘겼습니다.

산은 택준의 어머니가 병이 깊어 돌아가실 것 같다고 말하려던 참이었습니다. 하지만 산은 택준의 마음이 너무 아플 것 같아 그 말을 하지 않기로 했습니다.

책을 읽으면서 택준은 점점 달라져 갔습니다. 워낙 착하고 똑똑했던 택준이었는데, 세상에 대해 알게 되니 마음이 넓어졌습니다. 힘없고 가난한 사람들에게 애정이 갔습니다. 그래서 만나는 사람들에게 더욱 친절하고 따뜻하게 대했습니다. 병원 사람들은 물론이고 택준을 만나는 사람들은 택준을 점점 좋아했습니다.

3 진실을 찾아서

그러던 어느 날이었습니다. 산이 택준에게 할 말이 있다며 병원의 조용한 곳으로 데려갔습니다. 어렵게 산이 입을 열었습니다.

"택준이, 난 의사로서 이런 말을 할 때가 가장 싫다네. 그래도 알려야 할 것이라 아무래도 내가 알리는 게 나을 것 같아서 말하는 거야."

택준은 산의 말에 가슴이 쿵쿵 뛰었습니다. 아무래도 좋지 않은 말이 나올 것 같았습니다.

"어머니가…… 이젠 얼마 남지 않으셨어. 병원에서도 어쩔 방법이 없어."

택준은 하늘이 노래지고 앞이 캄캄했습니다. 수술 한 번 못해 보고 어머니가 돌아가신다니 너무 억울했습니다. 자기도 모르게 눈물이 흘러내렸습니다.

결국 어머니는 다음 날 돌아가셨습니다. 홀로 남은 택준은 가슴이 미어졌습니다. 자식으로 어머니께 해드린 일이 없다는 자책감에 몹시 슬펐습니다.

"왜 세상은 불공평한 거야. 부자로 태어났으면 어머니에게 잘했을 텐데. 우리 어머니에게 수술 한 번 못해 드리고. 어머니 죄송해요. 어머니."

눈물은 끝없이 흘러내렸습니다.

택준은 살아갈 희망이 없었습니다.

'일을 해서 뭐하나, 살아서 뭐하나, 어머니가 안 계시는데.'

어머니가 계시던 병원도 더 이상 있을 수 없었습니다. 택준은 사무국장을 찾아가 병원 일을 그만두겠다고 말했습니다.

이젠 무슨 일을 해야 할지, 어디로 가야 할지 막막했습니다. 병원에서 나오기 전 택준은 마지막으로 산을 찾아갔습니다.

산도 택준이 오기를 기다렸는지 택준을 반갑게 맞았습니다.

"내가 무슨 말로 위로해야 할지 모르겠네."

택준은 힘없이 대답했습니다.

"자식으로 어머니께 해드린 게 없어 가슴이 아프다네."

두 사람은 한동안 말을 잇지 못했습니다. 침묵을 깨뜨리며 산이 택준에게 물었습니다.

"그런데, 자네 이젠 어쩔 건가? 다시 모순 마을로 돌아갈 건가?"

한숨을 푹 내쉬며 택준이 말했습니다.

"이젠 아무 희망도 없어. 열심히 일해 뭘 하겠나. 하고 싶은 게 없다네. 더구나 모순 마을로 돌아가 봤자 집도 없으니 돌아가서 뭐하나."

산은 어머니를 잃고 슬픔에 잠긴 택준의 마음을 알고 있었으나, 나약해진 택준에게 호되게 소리쳤습니다.

"자네, 이러려고 그 많은 책들을 읽고, 세상이 '모순'이라고 말했나? 세상을 바꿀 생각만 하고 실천하지 않으면 세상이 달라지지 않아. 어서 모순 마을로 돌아가서 좋은 곳으로 만들어야지."

큰소리로 나무라는 통에 택준도 정신이 바짝 들었습니다.

"무슨 소리인가? 모순 마을에는 별 문제가 없었는데…….

택준이 병원에서 일한 지난 1년여 동안 모순 마을에서는 많은 일이 일어났습니다.

사실 모순 마을이 '평화로운 마을'로 뽑힐 수 있었던 것은 장씨 때문이 아니었습니다. 그만한 충분한 이유가 있었습니다. 도둑이나 강도가 없어 범죄가 한 번도 일어나지 않은 것이 가장 큰 이유였습니다. 게다가 마을 사람들의 서로 돕는 인심도 '평화로운 마을'이 되기에 알맞았습니다.

모순 마을 사람들이 궂은 일이 있으면 서로 위로해 주고, 좋은 일이면 잔치를 벌이며 좋아했습니다. 다른 사람을 먼저 생각해서 싫은 소리도 하지 않았습니다. 그래서 표창장을 받았다고 마냥 좋아하며 선뜻 돈을 거둬 잔치를 벌였으며 장씨가 돈을 숨기고 품삯을 주지 않아도, 돈이 없어서 그러겠거니 하고 믿었던 것입니다.

신문이나 방송에 나가서도 장씨는 자기는 이장으로 마을 사람들의 손발이 되어 열심히 일했다고 말했습니다.

"제가 이장으로 뽑히면서 마을 분위기가 확 달라졌지요. 그 전에는 서로 싸우고 다툼도 많았습니다. 하지만 저는 어떻게 하면 마을을 평화롭게 할 수 있을까 밤잠을 설쳐 가며 고민했습니다. 그래서 사람들을 찾아가서 잘살아 보자고 손을 잡았지요. 마을 일도 내 일처럼 열심히 했고요. 그랬더니 마을 사람들이 저를 따라오더군요. 감동을 받았다면서 말입니다. 그런 뒤로 마을이 평화로워졌지요."

'평화로운 마을'로 뽑히면서 모순 마을로 많은 돈과 물건들이 들어왔습니다. 서로 돕고 살아가는 모순 마을 사람들에게 감동하여 사람들이 보낸 선물들이었습니다.

하지만 장씨는 이 돈과 물건들을 내놓지 않았습니다. 상과 함께 받은 상금도 대부분 자기가 가졌습니다. 장씨 집에는 물건들이 가득 찼고, 통장에는 돈이 점점 불어났습니다.

"흐흐흐. 돈이며 물건이며 넘쳐나는구나. 물건들은 팔아서 돈을 만들어야지."

장씨는 물건들을 팔아 돈을 마련했습니다. 그러고는 그 돈으로 모순 마을에서 떨어진 곳에 아파트와 땅을 사들였습니다.

"마을 사람들 몰래 해야 들통이 안 나지. 흐흐흐, 난 역시 머리가 좋아."

그래도 돈이 남는 장씨는 자식들을 다른 나라로 유학을 보내고 부인과 함께 해외여행을 다녔습니다. 그렇지만 마을 사람들에게는 이런 사실을 말하지 않았습니다.

다만 모순 마을로 들어오는 물건의 일부인 텔레비전, 냉장고, 컴퓨터, 세탁기 등을 마을 사람들이 모이는 회관에 선심을 쓰듯 하면서 들여놓았습니다. 사실을 모르는 마을 사람들은 이것도 장씨 덕분이라며 칭찬을 아끼지 않았습니다.

"우리 마을에 장 이장님처럼 훌륭한 사람이 있어서 정말 좋네."

"그러게. 다른 마을에는 없는 물건들이 우리 마을에는 다 있으니 얼마나 좋은가."

점점 장씨는 집에 있는 날이 드물었습니다. 여행이다 뭐다 해서 밖으로 나돌았습니다. 더욱이 도의 일을 보는 도의원 선거가 있자, 선거에 출마한다며 더욱 바빠졌습니다. 마을 사람들은 장씨를 거의 볼 수 없었습니다.

마을 사람들은 직접 면사무소에 가서 일을 처리했습니다. 서류나 관청 일에 대해 잘 모르는 마을 사람들은 답답하였지만 다른 방법이 없었습니다.

"이 서류는 어떻게 써야 하는 거요?"

"난 이럴 때 어떻게 해야 하는지 모르겠네. 잘 좀 알려 주구려."

면사무소 사람들은 눈살을 찌푸렸습니다.

"모순 마을은 도대체 어떻게 된 거예요. 제대로 서류 하나 쓰는 사람이 없어요? 귀찮아 죽겠네."

"그곳 이장이 알아서 해야 할 일이에요."

이렇게 타박하기 일쑤였습니다. 마을 사람들은 장씨가 일하지 않아 불편하고 불만스러웠습니다.

지난 1년여 동안 모순 마을에서 벌어진 일을 산은 택준에게 말해 주었습니다.

택준은 그런 일이 벌어진 것도 놀라웠지만, 산이 어떻게 모순 마을에 대해 잘 알고 있는지도 궁금했습니다.

"이봐 산이, 자네 어떻게 모순 마을에 대해 그렇게 잘 아는 건가?"

산은 택준에게 서류뭉치를 내밀며 말했습니다.

"나는 사실 '부패한 관리들을 감시하는 사람들 모임'에서 일한다네. 모임 이름처럼 관리들이 일을 잘 하는지 감시하지. 그런데 자네가 사는 모순 마을 장씨나 면장이 뇌물을 주고받는 등 비리가 많다네. 이 서류들은 장씨와 면장이 저지른 비리를 모아 놓은 것들이야."

그리고 이어지는 말은 택준을 더욱 놀라게 했습니다.

"택준이 자네가 이 병원에 와서 나를 만난 날 했던 이야기를 들

으면서 혹시 장씨나 면장이 일을 꾸민 것은 아닌지 알아봤다네. 그랬더니 장씨는 자네들에게 주어야 할 품삯을 몽땅 면장에게 주었더군. 그래서 자네들은 품삯을 못 받은 거야. 면장은 장씨가 준 돈을 자기가 가졌고. 그 뒤 장씨는 상금이나 물건 등을 자기 맘대로 써대고 있다네."

산의 말에 택준은 어리둥절해졌습니다. 장씨가 품삯을 주며 선심 쓰듯 던지던 말이 생각났고, 그렇게 믿었던 장씨가 사실은 자기 이익만을 위해 살았다는 사실이 믿어지지 않았습니다. 혹시 산이 잘못 알고 있는 것은 아닌가 하고 의심마저 들었습니다.

"그게 모두 사실인가? 설마."

"못 믿을 거야. 하지만 이 서류들을 보게."

서류는 장씨가 산 아파트와 땅 문서였습니다. 또한 모순 마을로 보내진 돈과 물건들의 목록이 적혀 있었습니다.

그것들을 보고서야 택준은 산의 말을 믿었습니다.

"휴, 그런데 장씨가 면장에게 돈을 주었다는 것은 알 수 없잖나. 서류도 없고."

"면장이 이미 모두 자백했다네. 그러니 장씨에게 뇌물을 받았다는 사실도 곧 드러날 거야. 얼마 뒤에 이 사실들이 발표될 거야."

산이 택준에게 모순 마을로 왜 돌아가라고 했는지 알 것 같았습니다.

"그래, 알았네. 난 모순 마을로 돌아갈 걸세. 장씨에 대한 문제를 마을 사람들에게 알리고 마을을 새롭게 변화시키겠네."

택준의 결심을 들은 산은 택준의 어깨를 두드리며 격려했습니다.

모순론

　모순론은 모택동 철학에서 매우 중요한 부분입니다. 본래 모순이라는 말은 중국 고대의 《한비자》라는 책에 나오는 다음과 같은 고사에서 유래합니다. 어떤 사람이 시장에서 창(矛)을 팔면서 "나의 창으로 못 뚫는 방패가 없다"고 하고, 이어 다시 방패(盾)를 팔면서 "나의 방패로 못 막는 창이 없다"고 하자, 구경하던 사람 중 한 명이 "그렇다면 당신의 창으로 당신의 방패를 뚫어 보시지요"라고 말한 데에서 유래된 것으로, 서로 마주하는 두 관계 사이에 끼어들 틈이 없이 서로 어긋나 있는 상태를 말합니다. 예컨대 삶과 죽음, 있음과 없음 등의 관계가 여기에 해당하는 대표적인 예입니다.

　모택동은 이 세계가 처음부터 완성된 상태로 있는 것이 아니라, 불완전한 모순의 상태가 지속되고 있는 것으로 생각하였습니다. 그는 1937년에 '모순론'이라는 글을 발표하여 이에 대해 자세하게 언급하였습니다.

　그는 이 논문에서 전지전능한 신이 우주를 창조한 것이 아니라, 내부적인 요인에 의해 서로 대립되는 모순 상태의 물질에서 우주가 비롯된 것이라고 했습니다. 그는 이 물질이 자체의 요인에 의해 운동·변화·발전의 과정을 거쳐 오늘날의 인간까지 출현한 것으로 보고 있습니다. 그는 인간이 지구에서 가장 고등한 생명체이고, 인간의 정신은 생명체 가운데 가장 발달한 상태라고 했습니다. 이것은 그가 우주 기원의 문제에서 창조론을 지지하는 것이 아니라, 진화론을 지지하는 것임을 말하는 것입니다.

그는 어떤 사물의 내부이든지 모순성이 있기 때문에 사물의 운동과 발전이 일어나며, 사물 내부의 이러한 모순성은 사물 발전의 근본 원인이고, 한 사물과 다른 사물의 상호 연계와 상호 영향은 사물 발전의 두 번째 원인이라고 했습니다.

따라서 모택동은 자연계의 변화는 주로 자연계 내부 모순의 발전으로부터 말미암고, 사회의 변화는 주로 사회 내부 모순의 발전, 즉 생산력과 생산 관계의 모순, 계급 사이의 모순, 신구(新舊) 사이의 모순으로부터 말미암으며, 이러한 모순의 발전으로부터 사회의 진보가 추동(推動)되고, 옛것과 낡은 것 사이의 대사가 추동되기에, 외인이 변화의 조건이고 내인은 변화의 근거이며, 외인은 내인을 통하여 작용을 일으키는 것이라고 했습니다.

모택동은 이와 같이 모순이 모든 객관 사물과 주관 사상의 과정 중

에 존재할 뿐만 아니라, 모든 과정의 시종을 관철하고 있는 것으로 이해했습니다. 이것은 그가 모순의 보편성과 절대성을 말하는 것입니다. 그는 또 모순에 휩싸인 사물의 각 측면에 각각의 특징이 있음을 인정했습니다. 이것은 그가 모순의 특수성과 상대성을 말하는 것입니다. 그리고 모순의 사물은 일정한 조건에 의해 동일성이 있습니다. 이 때문에 통일체 속에서 함께 거할 수 있으며, 또 상반의 방면으로 상호 전화할 수 있는데, 이것 또한 모순의 특수성과 상대성입니다. 그러나 모순의 투쟁은 끊임없습니다. 그들은 함께 거할 때나 상호 전화할 때를 막론하고 투쟁하고 있으며, 그들이 상호 전화할 때 투쟁의 표현도 더욱 현저한데, 이것은 모순의 보편성과 절대성입니다.

모택동은 모순의 특수성과 상대성을 연구할 때, 모순과 모순 방면의 주요한 것과 주요하지 않은 것의 구별에 주의해야 하고, 모순의 각종 서로 다른 투쟁 형식의 구별에 주의할 것을 강조하였습니다.

모택동은 이와 같은 우주론을 정립하여 당시 중국 사회에서 발생하는 각종 문제를 해결하려고 했습니다. 그리고 그의 이러한 이론은 격동의 중국 사회를 변혁하는 이론 기초로 작용하면서 실제적인 역할을 하기도 했습니다.

새로운 세상을 만들다

 혁명(革命)은 만찬(晩餐)도, 수필(隨筆)도, 그림도, 한 폭의 자수(刺繡)도 아니다. 그것은 조용히, 서서히, 조심스럽게 앞뒤를 가리며 점잖게 순순히 성취될 수 있는 것이다.

—모택동

1 다시 모순 마을로

오랜만에 다시 찾은 모순 마을은 어쩐지 활기가 없어 보였습니다. 택준은 자기가 태어나고 자란 마을이 낯설기까지 했습니다.

'예전과는 다른 것 같아. 산의 말대로 큰일이군.'

택준은 먼저 장씨의 집으로 갔습니다. 겉모양은 마을 사람들을 감쪽같이 속이듯 예전 그대로였습니다. 하지만 그 안에 사는 장씨를 생각하니 분노가 일어났습니다. 어서 빨리 사람들을 만나 얘기를 해야겠다고 마음먹었습니다. 택준은 친구인 정렬을 찾아갔습니다.

한편, 장씨는 집에서 나오려다가 택준이 대문 밖에 서서 자기 집을 유심히 바라보다 돌아서는 걸 봤습니다. 택준이 예사롭지 않게 자기 집을 바라보는 게 영 마음이 개운치 않았습니다. 게다가 집을 팔고 떠났던 택준이 자기 집 앞에 서 있는 것이 이상했습니다.

'아직 못 받은 품삯을 받으려고 돌아왔나? 그렇다면 우리 집으로 들어와야 하는데, 그냥 가는 걸 보니 이상한걸.'

장씨는 택준이 모순 마을로 왜 돌아왔는지 알아보기로 했습니다. 곧바로 영신을 집으로 불렀습니다. 영신은 택준의 친구이면서 장씨 집 농사일을 하는 사람이었습니다. 물론 영신도 택준처럼 장씨에게 품삯을 받지 못했습니다.

영신이 오자 장씨는 방으로 불러들였습니다. 영신은 항상 마당에서 만났던 장씨가 웬일로 방으로 불러들이나 싶어 조심스럽게 들어갔습니다.

"자네 요즘 힘들지. 내가 자네 생각 많이 했네. 여기 품삯이네."

장씨는 영신에게 밀린 품삯이라며 두툼한 돈 봉투를 건넸습니다.

영신은 생각지도 못한 일이라 몹시 당황했습니다. 떨리는 손길로 봉투를 집어 들었습니다. 장씨가 말했습니다.

"자네가 일도 잘 하고 해서, 내가 도의원이 되면 자네에게 좋은 자리 하나 줄까 생각하는데, 어떤가?"

품삯에, 생각지도 않았던 말까지 듣자 영신은 깜짝 놀랐습니다.

"그, 그럼 도청에서 일하는 자리 말입니까?"

"그렇다고 할 수 있지."

"고맙습니다. 고맙습니다."

몇 번이고 인사하는 영신에게 장씨가 목소리를 낮추었습니다.

"그런데 말이지, 내 부탁 하나 들어주게."

"말씀만 하세요."

"오늘 택준이가 마을로 돌아왔더군. 무슨 일로 돌아왔는지 알아봐 주겠나?"

영신은 그러겠다고 대답하고 장씨 집을 나왔습니다. 품삯도 받고 게다가 앞으로 잘살 수 있게 해 준다는 약속까지 받은 터라 몹시 기분이 좋았습니다. 영신은 장씨가 왜 일을 시켰는지 생각할 겨를도 없이 택준을 찾으러 달려갔습니다.

한편, 택준은 정렬에게 친구들을 불러 모아 달라고 부탁했습니다. 금세 친구들이 하나 둘씩 몰려들었습니다. 영신도 친구들과 함께 자리했습니다.

"택준이 정말 잘 돌아왔네."

"어머니가 돌아가셨다는 소식은 들었어. 많이 힘들지?"

"우리가 도움이 못 돼서 미안하네."

친구들은 택준을 반갑게 맞으며 위로했습니다. 택준도 오랜만에
만난 친구들이 반가웠습니다.

"모두 잘 지냈나? 밀린 품삯은 받았고?"

　택준의 물음에 친구들의 얼굴에 그늘이 드리워졌습니다. 아무도
먼저 말을 꺼내지 않았습니다. 답답해진 택준이 먼저 입을 열었습
니다.

　"아직 못 받았군. 장씨가 언제쯤 품삯을 준다던가? 1년이 넘도록
미루다니 너무하는군."

　택준은 장씨가 품삯을 안 준 사실을 뻔히 알았지만, 사람들 입으

로 직접 들어보고 싶었습니다. 그리고 친구들이 장씨에 대해 어떻게 이야기하는지 알고 싶었습니다.

"장 이장님이 몹시 바빠서 못 만났어."

"게다가 장 이장님 말로는 품삯을 줄래도 돈이 없다고 하네."

장씨의 거짓말에 택준은 부르르 분노가 치밀었지만, 화를 참으며 말했습니다.

"이제부터 내가 하는 얘기 잘 듣게나. 우리가 왜 품삯을 못 받았는지 말해 줄 테니."

사람들은 택준의 말에 눈을 동그랗게 떴습니다. 오랜만에 나타난 택준이 갑자기 무슨 말을 할지 조마조마했습니다. 영신도 귀를 쫑긋 세웠습니다.

택준은 잠시 정리한 뒤 말을 꺼냈습니다.

"내가 있던 병원에서 산을 만났네. 산은 '부패한 관리들을 감시하는 사람들 모임'에 들었는데, 장씨가 평화로운 마을 상금을 가로챘다는군……."

장씨가 면장에게 품삯을 준 일, '평화로운 마을' 상에 대한 일, 장씨가 상금과 물건들을 빼돌린 일, 땅과 아파트 등을 사고 자식 유학, 해외여행으로 쓰고 다니는 일 등 장씨에 대해 알고 있는 일을 말했습니다.

지난번 택준이 산에게 이야기를 들었을 때 선뜻 믿지 못했던 것처럼 친구들도 택준의 말을 믿지 않았습니다. 택준은 침착하게 친구들을 설득했습니다.

"가난하고 힘없는 사람들의 마음을 아프게 하면서 군림하는 사람은 지도자가 아닐세. 진정한 지도자는 가난하고 힘없는 사람들을 헤아리고, 어떻게 하면 잘살도록 도와줄까 노력하는 사람이라네. 그렇다면 장씨는 어떤가? 만약 장씨가 우리 마을을 위하고, 사람들을 위하는 사람이었다면 지금처럼 행동하지 않아야지. 먼저 품삯부터 제때 줘야 했어. 품삯을 받지 못하면 세 끼 밥도 먹지 못할 줄 뻔히 알면서 장씨는 1년이 지나도록 미루기만 하고 있잖아. 만약 돈이 없다면 땅을 팔아서라도 품삯을 마련해서 줬어야지. 또한 지난 1년여 동안 장씨가 우리 마을을 위해 한 일이 있나? 얼굴 보기도 어려운 사람이니 마을 일은 아마 뒷전이었겠지. 장씨는 마을을 위해서도, 주민들을 위해서도 한 일이 아무것도 없어. 이것만 봐서도 장씨가 잘했다고 할 수 없지. 장씨처럼 우리의 피와 땀을 가로채는 사람은 가만 두어서는 안 되네. 우리는 당연히 우리가 가질 몫을 찾겠다는 것뿐이야. 그리고 잘못을 했으면 당연히 벌을 받아야지. 그렇지 않으면 언제까지 우리들은 장씨 같은 사람에게 당하고 살 거야. 우리가 고치지 않으면 우리 자식들, 그 자식들까지 우리처럼 힘들게 살아야 해."

택준의 말이 옳았습니다. 친구들은 논리적으로 말하는 택준이 예전과 달라 보였습니다. 똑똑해져서 세상을 많이 알고, 생각도 깊어졌습니다.

친구들은 저마다 의견을 얘기했습니다.

"장 이장을 쫓아내자!"

"당장 쫓아가서 집이며 자동차며 때려 부숴 버려."

당장 장씨를 쫓아낼 듯 흥분했습니다. 소란을 가라앉히며 정렬이 택준에게 물었습니다.

"장 이장에게 몰려 가서 품삯을 달라고 싸움이라도 벌일까?"

손을 저으며 택준이 말했습니다.

"싸움은 문제를 해결하는 게 아니라네. 장씨에게 품삯을 받았다고 해결되는 건 아니야. 장씨가 우리 마을 사람들에게 한 일에 대해 사과하고 가로챈 돈과 물건들을 모두 돌려 줘야지. 물론 밀린 품삯도 줘야 하는 거고. 그러려면 먼저 마을 사람들에게 장씨의 잘못을 알려야지. 마을 사람들을 모으세. 힘을 합쳐서 장씨를 몰아내세."

택준과 친구들은 마을 사람들을 모을 궁리를 했습니다. 함께 앉아 있던 영신은 잠시 집에 간다며, 빠져나와 장씨 집으로 달려갔습니다.

"택준이 이장님이 잘못했다고 합니다요. 산이 그 서류를 갖고 있다고도 했습니다. 마을 사람들을 모아 이장님을 몰아낸다고 벼르고 있습니다요."

장씨는 영신의 말을 듣고 화가 치밀었습니다.

"감히 나를 상대로 싸움을 걸겠다고? 어림없는 소리. 내가 가만히 앉아서 당할 것 같아!"

장씨는 택준과 친구들 모르게 은밀히 마을 사람들을 불러 모았습니다. 장씨는 미리 술과 음식을 준비하여 마을 사람들에게 돌렸습니다. 무슨 영문인지 궁금해하면서도 마을 사람들은 장씨가 마련해 준 술과 음식을 맛있게 먹었습니다. 장씨가 앞에 나서며 말했습니다.

"우리 모순 마을이 누구 덕분에 유명해졌나, 바로 나 때문이 아닌가? 내가 마을을 위해 애쓴다는 건 이 자리에 있는 사람들이 모두 알 거야. 그런데 나를 미워하고 모함하려는 사람이 있어."

영신이 맞장구를 치듯 소리쳤습니다.

"누구요? 누가 감히 우리 이장님을 해코지하려고 합니까?"

장씨가 말을 이었습니다.

"1년여 전에 이 마을을 떠났던 모택준이 돌아왔는데 마을 청년들을 꼬드겨 나를 모함하고, 자기가 이장이 되려고 한다는군. 순진한 마을 청년들이 택준에게 넘어가서 함께 나를 몰아낸다니 이게 될 말이야?"

장씨의 말에 사람들이 웅성거렸습니다.

"택준이는 원래 그런 청년이 아닌데. 성실하고 어른 공경할 줄 안다고."

"맞아, 어머니한테 한 것만 봐도 그래. 설마 택준이가 그럴라고."

사람들은 택준을 비난하는 말을 믿지 않았습니다. 자기가 불리해지자, 장씨는 장담하듯 말했습니다.

"두고 봐. 택준이와 그 친구들이 마을 총회를 하자고 할 거야. 그 총회에서 나를 몰아내고 자기가 이장이 되려고 해. 내 말이 맞는지 틀리는지 두고 보란 말이야."

마을 사람들은 장씨가 하는 말을 믿어야 할지, 말아야 할지 판단하지 못했습니다. 다만 택준이 총회를 열자고 한다면 장씨 말이 사실일 거라고 여겼습니다.

한편, 택준은 장씨가 일을 꾸미는 줄 꿈에도 몰랐습니다. 친구들과 함께 마을 사람들을 모을 일을 의논했습니다.

"총회하기 전에 장 이장의 잘못을 알리거나 미리 말하면 장 이장이 가만있지 않을걸."

정렬이 의견을 내놓았습니다.

"올 농사일로 총회한다고 둘러대세. 내일 아침 8시에 마을 어귀느티나무 아래로 모이게 하는 거야. 오늘 사람들에게 이 소식을 알려야 하네."

택준의 말에 친구들은 마을 사람들을 만나러 갔습니다. 택준과 정렬은 집들을 돌아보았습니다. 택준과 반갑게 인사하던 사람들도 총회 얘기를 하자, 입을 다물었습니다.

마을 사람들은 택준이 이장 자리를 넘본다는 장씨의 말이 사실이라고 여겼습니다. 어떤 사람은 택준에게 심한 말까지 했습니다.

"사람이 자기 처지를 알아야지. 배운 것도 없고, 가진 것도 없는주제에 이장 자리를 넘봐!"

택준은 어리둥절하며 되물었습니다.

"그게 무슨 말씀입니까, 어르신?"

하지만 그 사람은 대답도 없이 대문을 '꽝' 닫고 안으로 들어가 버렸습니다.

택준은 왜 자기를 깔보는지 알 수 없었습니다. 택준이 정렬을 돌아보았지만, 정렬도 모르기는 마찬가지였습니다. 심한 모욕감을 느끼며 두 사람은 정렬의 집으로 돌아오고 말았습니다.

돌아와 보니 친구들이 분을 참지 못하는 듯 씩씩거리고 있었습니다.

"도대체 무슨 일인지 마을 어른들이 택준이 자네 욕을 하더라고. 우리에게도 못난 것들이라네."

"총회를 안 하겠대. 누구 좋으라고 하냐더군."

"화가 나서 참을 수가 있어야지. 싸우다가 맘 상해서 그냥 돌아왔어."

택준도 화가 났지만, 마을 사람들이 한꺼번에 총회를 거부하는 이유가 이상했습니다. 이제껏 농사일을 함께 의논하자면 즐겁게 총회를 열었던 사람들이었습니다. 갑작스럽게 태도가 바뀐 이유가 석연치 않았습니다.

택준은 친구들이 하는 얘기를 찬찬히 들어 보았습니다. 그런 뒤 결론을 내렸습니다.

"우리끼리 했던 얘기가 밖으로 새나간 것 같네. 장씨가 아는 게 틀림없어. 아마 장씨가 우리를 모함했을 거야. 그러니 마을 어르신들이 그렇게 화를 냈겠지. 누가 잠깐 나가서 이 말이 사실인지 알아봐 주게."

한 사람이 나가 한참 만에 돌아왔습니다. 그러면서 택준이 추측한 게 모두 들어맞는다고 했습니다.

친구들은 택준의 지혜에 다시 한 번 놀랐습니다. 점점 택준을 흠모하는 마음이 들었습니다. 하지만 마냥 놀라고 있을 처지가 아니었습니다.

"총회를 열어야 장 이장을 몰아내든 말든 하지. 뾰족한 방법이 없으니 마을 사람들을 만나 장 이장이 한 일을 얘기하세. 그러면 총회를 하자는 데 찬성할 거야. 안 그런가?"

택준과 친구들은 사람들을 다시 만나러 나갔습니다.

하지만 마을 사람들은 택준이나 친구들의 말을 믿지 않았습니다. 되레 화를 내고 장씨를 모함하지 말라고 핀잔을 주었습니다.

"뱁새가 황새 따라가다가 다리가 찢어진다, 이놈아. 네 주제에 이장을 하겠다고 장 이장을 모함해! 못된 놈!"

어떤 사람은 택준이 어머니를 잃고 머리가 이상해졌다고도 했습니다.

"네가 고아가 되더니, 정신이 빠졌구나. 쯧쯧쯧!"

어이가 없어진 택준은 마을 사람들에게 실망했습니다.

"뭘 모르면 잠자코 있을 것이지, 바보같이 알지도 못하면서 그런 소리들을 하십니까? 우물 안 개구리처럼 살면서 세상 돌아가는 걸 모르니, 장씨 같은 사람한테 당하고 살지요."

참다 못해 택준은 고래고래 소리쳤습니다. 그럴수록 마을 사람들은 더욱 더 택준에게서 돌아섰습니다.

하루가 가고, 이틀이 가도 마을 사람들은 좀처럼 믿어 주지 않았고 결국 사이가 나빠졌습니다. 택준과 친구들은 마을 사람들과 싸우기까지 했습니다.

장씨는 가만히 앉아 마을이 돌아가는 상황을 즐겼습니다. 그러고는 선심 쓰듯 마을 사람들에게 떡을 해서 돌리기도 하고, 바람 쐬러 가자며 버스를 세내어 사람들을 관광시켜 주었습니다. 마을 사람들은 장씨를 칭찬하느라 침이 마르지 않았습니다.

결국 장씨가 의견을 내놓아 마을 총회가 열렸습니다. 택준과 마을 청년들의 잘못을 나무라는 자리였습니다.

"모택준과 마을 청년들은 장 이장님을 험담하고 다녔습니다. 우

리 마을은 서로 도우며 살아가는 게 자랑이었는데, 저 사람들이
우리 마을을 해치고 있어요. 그러니 모택준을 비롯해 장 이장님을
헐뜯고 다닌 자들을 우리 마을에서 쫓아내야 합니다."

마을 사람들은 택준과 친구들을 마을에서 쫓아내겠다고 소리쳤
습니다.

2 길고 긴 고난의 길, 대장정

택준이 마을 사람들 앞으로 나섰습니다.

"여러분들이 원하시니, 저는 이 마을을 떠날 겁니다. 우리가 한 말이 거짓이라서가 아닙니다. 우리는 진실만을 말했을 뿐입니다. 다만, 잘못된 판단이라도 여러분들의 일치된 의견이니 따르겠다는 겁니다."

여기저기에서 비아냥거리는 소리가 터져 나왔습니다. 택준은 아랑곳없이 장씨를 돌아보며 힘주어 말했습니다.

"진실이 밝혀지는 날 꼭 다시 올 거요. 당신도 그때는 잘못을 빌겠지."

택준이 마을을 떠나기로 하자, 친구들도 택준을 따라나섰습니다. 친구들은 지혜롭고 따뜻한 택준의 마음씨에 감동받아 어디든 함께 하기로 결심했습니다.

마을을 나서기는 했으나 택준과 친구들은 어디로 갈지 막막했습니다. 하지만 마음을 다 잡았습니다. 택준이 씩씩하게 말했습니다.

"우리가 모순 마을에서만 살아 봤기 때문에 세상을 잘 모르잖은가. 이곳저곳 돌아다니며 사람들을 만나 보고, 세상을 알아보세. 우리 마을 사람들처럼 속고 사는 사람들이 있다면 우리가 가르쳐 주자고."

드디어 길고 긴 고난의 길, '대장정'이 시작되었습니다. 택준과 친구들은 넓은 세상을 보기 위해 걸었습니다. 돈이나 식량 등 아무것도 가진 것이 없었지만, 세상이 두렵지 않았습니다. 사람들을 만나 세상을 바꾸겠다는 마음 하나만으로도 충분했습니다.

처음 들른 마을은 모순 마을과 비슷했습니다. 마을 사람들은 논과 밭을 땀 흘려 일구며 살아가는 순박한 사람들이었습니다. 택준과 친구들이 마을로 들어서자, 마을 사람들은 돈도 받지 않고 먹을 것과 잠자리를 마련해 주었습니다.

"우리 아들 같은 사람들이 집을 나서서 고생이네. 차린 건 없지만 많이 먹게."

비록 쌀 한 톨 섞이지 않은 거친 밥이었지만, 택준과 친구들은 꿀보다 달게 먹었습니다.

마을 사람들의 이야기를 듣자니, 그 마을에도 장씨처럼 많은 땅을 가진 지주가 있었고, 그 지주도 장씨처럼 품삯을 제대로 주지 않았습니다.

"순박한 사람의 피땀을 가로채는 몹쓸 인간들! 가만히 있을 수 없지. 우리가 이 마을 사람들에게 자기 권리를 찾는 방법을 가르쳐 주어야겠어."

택준은 친구들과 함께 모순 마을에서처럼 마을 사람들에게 지주를 몰아내고 권리를 찾으라고 말했습니다. 땀 흘려 열심히 일하는 사람이 살기 좋은 세상을 만들어야 한다고 주장했습니다. 하지만 마을 사람들은 택준과 친구들의 말을 들으려고 하지 않았습니다. 마을 사람들은 지금껏 잘 살아왔고, 앞으로 자식들이 살아가야 할 마을인데 소란을 피우고 싶지 않다고 말했습니다.

"이곳 사람들도 우리 마을 사람들처럼 바보 같아. 아무리 가르쳐도 소용이 없어. 정말 분통이 터지네."

택준과 친구들은 문제가 있는데도 고치려고 하지 않는 마을 사람들을 보며 화가 났습니다. 게다가 마을 사람들은 처음과는 달리, 택준 등이 어서 마을을 떠나 주기를 바랐습니다. 택준과 친구들은 바보 같은 사람들이라고 욕하며 마을을 떠났습니다.

하지만 이런 일은 계속 일어났습니다. 한 마을, 두 마을, 세 마을……. 마을을 계속 지나오면서 보니, 모순 마을과 비슷한 일들이 꼭 있었습니다. 택준과 친구들은 문제를 알려 주고 해결하는 방법을 가르쳐 주려고 노력하였습니다. 그러나 한결같이 택준과 친구들이 내미는 방법을 싫어했으며 마을에서 나가 주기를 바랐습니다.

택준은 처음에 마을 사람들이 바보스럽고 못나서 자기들의 말을 듣지 않는 것으로 이해했습니다. 세상을 모르는 바보들이라고 생각했습니다.

그러나 택준의 생각은 조금씩 바뀌었습니다. 한두 마을도 아니고 가는 곳마다 자기들을 거부하는 것을 보면서 자기 생각이 잘못된 것은 아닌가 하고 고민했습니다.

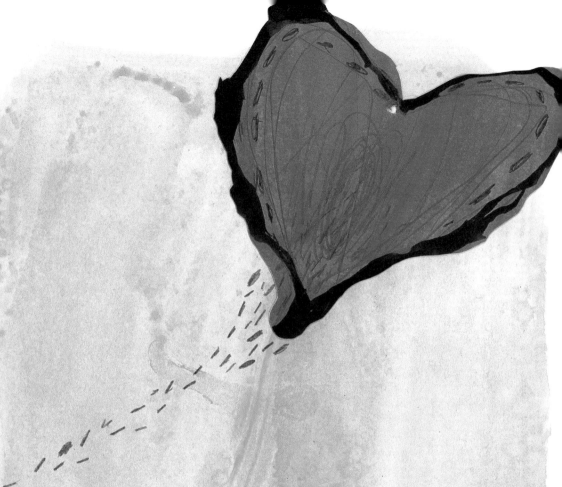

택준은 친구들과 이 문제에 대해 토론했습니다.

"우리 생각은 분명 옳아. 성실하고 땀 흘려 살아가는 사람들이 제대로 대접받는 세상을 만들어야지. 마을 사람들도 그 말에는 찬성했고. 그런데 왜 우리가 가르치는 대로 하지 않는 걸까?"

친구들도 그 이유를 알 수 없었습니다. 택준이 다시 말을 꺼냈습니다.

"우리 행동이 잘못된 것은 아닐까?"

정렬이 대답했습니다.

"바보 같은 사람들이라 그런 거지. 그런 사람들은 언제까지 당하고 살아도 돼."

정렬의 말에 택준은 망치로 머리를 얻어맞은 것처럼 충격을 받았습니다.

"그래, 그거였군. 우리가 그 사람들을 바보 같다고 생각한 거야."

친구들은 택준이 무슨 말을 하는지 궁금했습니다.

"우리가 미처 모르고 지나친 게 있어. 우리는 사람들을 바보로 여기며 그들을 가르치려고 했어. 그들의 마음을 헤아리고 어루만지기보다 우리를 뽐내기 바빴던 거지. 우리 모순 마을에서도 그랬잖아. 우리 주장만 밀어붙였지 마을 사람들의 생각은 물어도 안 봤지. 우리도 장씨와 다를 바 없었던 거야. 우쭐대며 잘난 체한 거라고. 그래, 그래서 우리가 마을에서 쫓겨난 거야."

택준은 자기 잘못을 알았습니다. 친구들도 택준의 말에 고개를 숙였습니다.

"택준의 말이 맞아. 우리가 사람들을 업신여긴 거야. 우리가 잘못했군."

"앞으로 어떡하면 좋은가?"

다시 침묵이 흘렀습니다. 각자 사람들을 위하는 것이 무엇인지 고민했습니다. 시간이 흘러, 생각을 정리하고 택준이 먼저 입을 열었습니다.

"옳고 그른 기준을 우리 눈높이로 정하는 게 아니라 마을 사람들의 눈높이에 맞추는 거야."

"그게 무슨 소린가?"

"마을 사람들의 생각에 우리 생각을 맞추는 거라고 말해 두지. 그들의 이야기를 듣고 그들이 진정 원하는 게 무엇인지 알아보는 거야. 그런 뒤에 행동으로 옮기는 거지."

"마을 사람들의 마음에 귀 기울이라는 말인가?"

"그렇다네."

택준과 친구들은 토론에 토론을 거듭하여 결론을 냈습니다. 마을 사람들의 눈높이에 자신들의 생각을 맞추기로 했습니다. 택준과 친구들은 다시 용기를 냈습니다.

길을 걷고 또 걸어 어떤 마을에 다다랐습니다. 이 마을도 지금껏 들렀던 마을과 다를 바가 없었습니다. 마을 땅의 대부분은 두세 사람이 가지고 있었고, 마을 사람들은 그 땅에서 농사를 짓고 품삯을 받았습니다. 또한 땅을 가진 지주는 사람들을 농사일로 호되게 부려 먹다가 품삯을 줄 때가 되면 품삯을 깎거나, 차일피일 미루었습니다.

마을 사람들은 택준과 친구들을 반갑게 맞아 주었습니다. 택준은 마을 사람들에게 물었습니다.

"힘든 농사일을 하고도 품삯을 제대로 못 받으니 힘드시죠?"

택준의 따뜻한 말에 마을 사람들은 경계심을 풀고 마음을 털어놨습니다.

"힘들지. 하지만 어쩌겠어. 우리야 땅이 없으니, 당연히 땅 가진 사람 맘대로 해도 할 말이 없지. 휴, 언제쯤 허리 펴고 살날이 오려나."

택준과 친구들은 그 말에 가슴이 찡했습니다. 어떻게든 이 사람들을 도와주어야겠다는 마음이 생겼습니다. 예전에는 가르쳐야겠다고 했던 생각이 이젠 도와주어야 한다는 마음으로 바뀌었습니다.

"언젠가 땀 흘려 일하는 사람이 잘사는 세상이 오겠지요. 그래야 하구요. 용기를 잃지 마세요."

자기 마음을 헤아릴 줄 아는 택준에게서 마을 사람들은 용기를 얻었습니다. 그러면서 그 방법을 먼저 물었습니다.

"우리가 잘살 수 있는 방법이 있기는 한가?"

"자식들한테만은 땅 한 뙈기라도 물려주고 싶네. 어떻게 하면 되겠나?"

도리어 택준과 친구들은 마을 사람들의 반응에 놀랐습니다. 무엇이 사람들을 위하는 일인지 깨달았습니다. 이제껏 자기들이 저지른 실수를 반성했습니다.

마을 사람들을 위해 택준과 친구들은 심부름을 했습니다. 사람들을 불러 모으고, 방법을 알렸습니다. 마을 사람들 스스로의 힘으로 악덕 지주에게 빼앗겼던 권리를 찾도록 했습니다. 지주에게 땅을 나누어 받으며 사람들은 기뻐 눈물을 흘렸습니다. 택준과 친구들에게 몹시 고마워했습니다. 택준과 친구들 역시 기쁨의 눈물을 흘렸습니다.

택준과 친구들은 다시 길을 떠났습니다. 수천 킬로미터나 되는 길을 걷고 또 걸었습니다. 여전히 그들에게는 쌀 한 톨, 옷 한 벌 제대로 가진 것이 없었습니다. 처음과 마찬가지로 빈털터리였습니다.

그러나 달라진 점이 있었습니다. 사람들을 떠받들 줄 아는 마음, 진정으로 사람을 사랑하는 방법을 알게 된 것입니다. 택준과 친구들은 가는 곳마다 마을 사람들의 환영을 받았습니다. 자기들의 처지를 이해하고 도와주려는 사람들을 싫어할 리 없었습니다.

택준과 친구들에 대한 이야기는 입에서 입으로 퍼져 나갔습니다. 택준과 친구들이 어서 자기들의 마을에 오기를 바랐습니다. 어느새 택준은 사람들의 존경을 받았습니다.

한편, 모순 마을에서도 택준에 대한 이야기가 전해졌습니다. 모순 마을 사람들은 택준을 쫓아낸 것을 후회했습니다.

장씨가 택준을 쫓아낸 뒤 본모습을 드러냈던 것입니다.

"나에게 반대할 놈이 마을에는 없어. 앓던 이가 쏙 빠진 기분이야. 호호호. 이제부턴 마을 놈들 눈치 안 보고 내 하고픈 대로 해야겠어."

장씨는 드러내 놓고 마을 사람들을 업신여겼으며, 더욱 모질게 농사일을 시켰습니다. 물론 품삯과 곡식 등을 잘 주지 않고 말입니다. 마을 일은 나 몰라라 내버려 두고, 자기 일에만 힘을 기울였습니다. 하지만 누구 한 사람 장씨에게 대들지 못했습니다. 당하면서도 마음 놓고 욕도 할 수 없었습니다. 더욱 더 자기들 손으로 내쫓은 택준과 청년들을 그리워했습니다.

어느 날, 참다못한 마을 사람들이 모였습니다.

"택준이나 마을 청년들에게 잘못했다고 사과하고, 우리 마을로 돌아와 달라고 하자고. 장 이장 때문에 이대로는 더 이상 살기 힘들어."

"그렇게 하세."

마을 사람 가운데 한 사람이 택준을 만나러 떠나기로 결정했습니다. 택준의 친구인 영신이 그 일을 하겠다고 나섰습니다.

"제가 택준을 만나겠습니다. 택준을 쫓아냈고, 함께 따라가지 않은 게 정말 후회됩니다."

사실, 영신은 택준의 일을 장씨에게 고자질한 것을 후회하고 있었습니다. 어떻게든 잘못을 바로잡는데 도움이 되고 싶었습니다. 마을 사람들은 영신에게 꼭 택준을 데려오라고 일렀습니다.

어둠이 걷히기 전에 영신은 택준을 만나기 위해 길을 나섰습니다. 장씨가 알면 막을 것이 뻔하여 새벽에 떠나기로 했습니다. 마을 어귀를 막 벗어날쯤, 누군가 영신의 팔을 잡아당겼습니다. 바로 장씨 집의 머슴이었습니다. 장씨도 택준에 대한 소문을 들었으며, 마을 사람들이 술렁인다는 걸 눈치 챘던 것입니다. 그래서 마을 사람들 가운데 한 사람이라도 마을 밖으로 나가지 못하도록 마을 어귀를 지키도록 했습니다. 영신은 머슴에게 잡혀 집으로 돌아오고 말았습니다.

영신은 그 뒤에도 몇 번이고 마을을 벗어나려고 했습니다. 그리고 마침내 성공하여 택준을 찾아 떠났습니다. 수소문 끝에 간신히 영신은 택준과 친구들을 만났습니다.

"우리 마을 사람들이 모두 자네들에게 잘못했다고 사과한다네. 내가 마을 대표로 온 거야."

영신은 택준과 친구들이 떠나고 장씨가 한 일과 마을 사람들이 몹시 기다린다는 사실을 털어놨습니다. 그러면서 모순 마을로 돌아가자고 부탁했습니다.

"마을 사람들이 모두 자네들을 기다리고 있어. 제발 마을로 돌아가세."

모순 마을에서 벌어지는 일을 전해 들은 택준과 친구들은 고개를 흔들었습니다.

"모순 마을로 돌아가지 않을 거야. 우리는 다른 마을에서 할 일이 너무 많아. 그리고 모순 마을로 돌아가기에는 너무 먼 곳에 와 있어."

영신은 아무도 데려가지 못하고 혼자서 마을로 돌아갔습니다.

3 모순 마을을 구하러 가다

그 뒤, 택준과 친구들은 계속 길을 걸었습니다. 들르는 마을마다 문제를 해결했으며, 점차 사람들의 존경을 받았습니다.

그러던 어느 날 장씨가 보낸 사람이 택준을 찾아왔습니다. 택준과 친구들은 장씨가 무슨 일을 꾸미는 것은 아닌지 의심스러웠지만 일단 만나 보기로 했습니다. 무슨 일이냐고 묻는 택준에게 장씨가 보낸 사람이 몹시 흥분하며 말했습니다.

"큰일 났습니다. 모순 마을에 도적들이 쳐들어왔어요. 마을은 지금 쑥대밭이 돼 가고 있어요. 집들은 불타고, 사람들이 죽기까지 했습니다. 마을 사람들은 도적 떼를 막느라고 애쓰고 있지만, 힘이 부족합니다. 제발 마을로 돌아가 주세요. 우리 마을을 구해 줄 사람은 당신들뿐입니다."

마을이 위험에 처해 있다는 말에 택준과 친구들은 몹시 놀랐습니다. 택준은 어서 빨리 모순 마을로 돌아가자고 말했습니다.

"여기 있을 때가 아니야. 어서 마을로 돌아가세."

하지만 친구들은 장씨가 보냈다는 말에 의심할 수밖에 없었습니다.

"장씨가 아직도 모순 마을에 있다고. 게다가 이 사람도 장씨가 보낸 사람이잖나. 장씨가 무슨 꿍꿍이로 그러는지 알 수 없잖나."

그 말을 듣던 모순 마을 사람이 미안한 듯 말했습니다.

"이 말을 장 이장이 전하라고 했어요. 아직도 우리 마을 이장은 자기다. 그러니 당신들이 모순 마을로 돌아와도 자기 말을 따라야 한다. 이렇게요. 하지만 정말 마을이 어렵습니다. 저는 장씨가 보내서 오기는 했지만, 마을 사람들은 당신들이 돌아오기만 기다립니다. 제발 모순 마을로 갑시다."

친구들은 장씨가 아직도 정신 차리지 못했다며 마을로 돌아갈 수 없다고 반대했습니다.

"마을이 어려울 때 서로 돕자고 해야지, 자기 밑으로 들어오라니 말이 안 돼. 택준이, 마을로 가지 말자고."

택준은 친구들의 말을 듣더니 부드럽게 말했습니다.

"우리는 이제껏 많은 마을을 들렀지. 우리가 그 마을에서 한 일을 생각해 보자고. 힘들고 어려운 사람들을 돕는 게 우리 일 아니었나? 모순 마을이 어렵다는데 장씨가 우두머리면 어떻고 아니면 어떤가? 우린 어려운 사람들을 도우러 가는 것뿐이야. 나는 자네들과 함께 모순 마을로 돌아가고 싶네."

친구들은 택준의 말에 마음을 돌리고, 서둘러 모순 마을로 향했습니다.

모순 마을에 다다르자마자 택준과 친구들은 도적들을 물리칠 계획을 짰습니다. 마을 사람들에게 인사할 겨를도 없었습니다.

"《손자병법》에 적을 알고 나를 알면 백 번 싸워 백 번 이긴다고 했네. 그러기 위해서는 먼저 우리 모순 마을과 도적들의 상태를 알아야지. 우리 모순 마을 사람이 몇 명인지, 무기는 얼마나 되는지 알아보세. 그리고 도적들의 숫자와 무기도 알아보고. 그런 뒤에 작전을 짜보세."

택준의 말이 떨어지자마자 친구들은 뿔뿔이 흩어져 모순 마을과

도적들에 관해 알아봤습니다.

도적들이 쳐들어와 모순 마을은 처참하게 무너졌습니다. 집이든 뭐든 온전한 게 없었습니다. 많은 사람들이 죽고 다쳤습니다. 택준과 친구 등 젊은 사람들이 많이 빠져나간 마을이라 싸울 사람이 적어서 피해가 컸습니다. 마을 사람들은 희망을 잃고 슬픔에 빠졌으며 도적들이 자기들을 모두 죽일 거라며 벌벌 떨었습니다.

택준과 친구들은 가슴이 아팠습니다.

"도적들과 싸우느라 무척 힘들었을 거야. 형편없는 무기에 싸울 기력도 없는 사람들이라니. 당연히 질 수밖에 없었을 거야. 큰일이군. 이런 형편으로 어떻게 도적들을 상대하지."

그나마 좋은 무기들은 장씨가 가지고 있었습니다.

반면에 도적들은 숫자도 많고, 무시무시한 힘의 무기들을 가졌습니다. 친구들이 생각하기에 도적들과 싸우면 반드시 질 게 뻔했습니다. 친구들이 한숨을 내쉬자 택준이 힘주어 말했습니다.

"싸움은 사람 숫자나 무기로만 하는 게 아니라네. 아무리 좋은 무기가 있고, 사람이 많다고 해도 작전을 잘 짜면 이길 수 있어. 걱정 말게나."

택준은 병원에 있을 때 읽었던 책 내용을 떠올리며 작전을 짰습니다. 그러고는 친구들과 싸움에 대해 의논했습니다.

다음 날, 도적들과 싸움이 벌어졌습니다. 전날 세운 작전들로 택준과 친구들은 도적들을 이겼습니다. 계속 도적들에게 패했던 마을 사람들은 자기들도 싸움에서 이길 수 있다는 희망을 품었습니다.

장씨는 택준이 이겼다는 소식을 듣고 질투가 났습니다.

"한 번 싸움에서 이긴 걸 가지고 좋아하기는. 어쩌다 이긴 게지. 내가 택준이보다 사람들도 많으니 틀림없이 이길 거야."

하지만 장씨는 번번이 도적들에게 졌습니다. 도적들이 장씨의 단순한 계획을 미리 눈치 챘기 때문이었습니다.

택준은 장씨와 힘을 합하면 더 빨리 도적들을 몰아낼 수 있다고 판단하고, 친구들에게 자기 생각을 털어놨습니다.

"장씨는 좋은 무기가 있고, 우리는 좋은 작전과 사람들이 있으니 장씨와 힘을 합쳐 싸우기로 하세."

친구들은 택준과 자기들을 업신여기는 장씨가 싫었지만, 택준의 뜻에 따르기로 했습니다. 택준은 대표로 장씨를 찾아갔습니다.

"도적들이 이쪽의 작전을 파악한 것 같습니다. 그러니 작전을 바꾸시지요. 저랑 머리를 맞대고 작전을 짭시다. 둘이 힘을 합하면 도적들을 금세 우리 마을에서 쫓아낼 수 있을 겁니다."

장씨는 택준의 말에 도리어 화를 냈습니다.

"네가 날 가르치려고 들어? 무식한 놈이 뭘 안다고 함부로 떠들어대는 게야. 필요 없어. 난 내 방법대로 할 거니까."

택준은 기분이 상했지만, 장씨를 타일렀습니다.

"내가 이러는 건 당신 때문이 아닙니다. 마을 사람들을 위해서지. 싸움에서 지면 당신만 다치는 게 아니라 마을 사람들이 다치지 않습니까. 그러니 우리 둘이 머리를 맞대고 작전을 짜자는 말입니다. 당신은 좋은 무기가 있으니 함께 싸우면 도적들을 더 빨리 물리치지 않겠습니까."

여전히 장씨는 택준을 무시했습니다.

"필요 없어."

할 수 없이 택준은 친구들과 몇몇 마을 사람들을 모아 도적들과 맞서기로 했습니다.

"싸움은 늘 똑같지 않고 항상 변합니다. 생각지도 않은 일이 자주 일어나지요. 그러니 그 변화에 잘 대응하면 싸움에서 이길 수 있습니다. 우리는 유격전(遊擊戰)과 성동격서(聲東擊西) 작전을 펴기로 합시다."

택준은 자신이 세운 계획을 말했습니다. 사람들은 택준의 말에 귀 기울였습니다.

"유격전은 적이 쉬거나 피곤할 때 그 틈을 노려 공격하는 기술입니다. 잠시 마음을 놓고 있을 때 공격해 피해를 입히고 우리는 얼른 도망치는 것이지요. 우리들처럼 사람이 적을 경우에 알맞은 작전입니다. 용감한 사람 몇 명으로 많은 사람들을 이길 수 있습니다.

또한 성동격서 작전은 동에서 번쩍, 서에서 번쩍하는 겁니다. 즉 서쪽에 있는 적을 치고 싶은데 적의 힘이 강해서 칠 수 없을 때, 거짓으로 서쪽과는 아무 관련이 없는 동쪽에 있는 적을 치는 것처럼 속이는 겁니다. 동쪽에 있는 적을 칠 듯이 시끄럽게 하면 서쪽의 적들도 동쪽으로 몰립니다. 그러면 자연스럽게 서쪽의 적들이 약해지지요. 그럴 때 서쪽의 적을 공격합니다."

작전을 이해한 사람들은 택준의 작전에 따라 도적들과 싸웠습니다. 결과는 물론 싸움마다 택준이 승리했습니다.

장씨는 택준이 계속 이기고, 마을 사람들이 자기보다 택준을 더 따르는 것을 보고 질투가 났습니다. 어떻게든 자기도 싸움에서 이겨서 택준에게 보란 듯이 자랑하고 싶었습니다. 하지만 판단력과 지혜가 부족한 장씨는 계속 싸움에서 졌습니다.

점차 장씨를 따르는 사람들도 택준에게 건너갔습니다. 그러다보니 장씨는 싸움에서 이길 생각보다 싸움이 끝난 뒤 택준이 마을 지도자로 뽑힐까봐 더 걱정되었습니다.

한편, 용감하고 지혜로운 택준과 친구들이 용감히 싸워 도적들은 힘을 잃었습니다. 그리고 드디어 마지막 싸움을 앞두게 되었습니다. 이번에는 장씨가 먼저 택준을 찾았습니다.

"마지막 전투이니 우리 둘이 힘을 합치기로 하지. 단, 자네가 내 밑으로 들어오는 조건으로 말이야."

장씨는 택준과 힘을 합쳐 마지막 전투에서 이기고, 마을 사람들에게 자기 덕분이라고 말하려 했습니다. 그러고는 계속 마을 이장으로 남으려 했습니다.

택준은 장씨의 속마음을 알았습니다. 그러나 마을에서 도적들을 몰아내고 평화를 찾는 게 더욱 중요했습니다. 택준은 장씨와 힘을 합쳐 마지막 전투를 벌이기로 했습니다.

마지막 싸움은 마을 뒷산 계곡에서 치러졌습니다.

계곡에 도적들이 숨어 있는 것은 알고 있는데, 구체적으로 어느 곳에 얼마나 있는지 알 수 없었습니다. 그렇다고 도적들에게 모순 마을 사람들의 모습을 드러낼 수도 없었습니다.

장씨가 먼저 작전을 말했습니다.

"도적들이 어디에 얼마나 있는지 사람을 보내 몰래 알아보세."

택준은 장씨의 의견에 반대하였습니다.

"그랬다가는 도적들이 우리가 기다리고 있는 걸 눈치 챌 겁니다. 도적들이 먼저 우리를 칠지 모르니 사람을 보내서는 안 됩니다."

장씨가 비아냥거렸습니다.

"적을 알아야 작전을 쓰지. 사람을 안 보내고 어떻게 도적들이 어디에 있는지 알아! 싸움에 대해 아무것도 모르는 바보로군."

그러면서 사람들을 둘러보며 큰소리쳤습니다.

"대학도 안 나온 모택준이 뭘 알겠소? 안 그렇소?"

택준은 장씨가 무슨 말을 하든 관심을 두지 않고 계곡 위의 하늘만 바라보았습니다. 장씨는 거듭 사람들에게 택준을 깎아내리는 말을 했습니다. 사람들도 사람을 보내 도적들의 상태를 알아보아야 한다는 장씨의 말에 찬성했습니다. 아무리 택준이 지혜로워도 사람을 보내지 않고 적을 알 수 있는 방법은 없는 듯했습니다.

장씨와 마을 사람들은 계곡으로 사람을 보내기로 작정했습니다. 그러고는 그곳으로 갈 사람을 뽑겠다고 들썩였습니다. 서로 누가 갈 것인지 따지고 있을 때에도 택준은 벌써 몇 시간째 계곡 위의 하늘만 바라봤습니다.

서너 명이 뽑혀 계곡으로 가겠다고 택준에게 말하려던 순간이었습니다. 갑자기 아무 말 없던 택준이 입을 열었습니다.

"이젠 됐습니다. 저 계곡 위의 하늘을 보십시오."

택준이 가리키는 하늘을 바라보니, 조금 전까지 조용했던 하늘로 '푸드덕' 요란한 소리를 내며 새들이 날아올랐습니다.

장씨가 신경질을 내며 물었습니다.

"새들이 하늘을 나는 게 뭐 대단한 일이야?"

택준이 침착하게 설명했습니다.

"새들은 사람들이 가까이 가면 놀라 날아오르지요. 새들이 날아오른 곳에 도적들이 숨어 있을 겁니다."

마을 사람들은 택준의 지혜에 감탄했습니다. 사람을 보내지 않고도 적을 알 수 있는 택준의 지략으로 모순 마을 사람들은 도적들을 몰아냈습니다.

도적들을 물리치고 사람들은 기뻐서 만세를 불렀습니다.

"이겼다, 우리가 이겼어!"

"모두 택준이 덕분이야. 택준이가 없었다면 우리 마을은 어떻게 되었을지 생각만 해도 두렵네!"

"모순 마을 만세! 모택준 만세!"

4 모순 마을 사람들의 승리

도적들을 물리쳤지만, 모순 마을은 싸움으로 심하게 상처를 입었습니다. 많은 사람이 죽었습니다. 자식을 잃은 노인들, 남편을 잃은 아내들, 부모를 잃은 어린이들이 생겼습니다. 예전의 마을이라고 할 수 없을 만큼 모든 것이 부서지고 사라졌습니다.

택준을 비롯해 모순 마을 사람들은 마치 자신들의 아픔으로 여기며 서로 위로했습니다. 한편으로는 싸움으로 부서져 내린 집과 길을 다듬고 손질했습니다. 마을은 차츰 평화를 찾아갔습니다. 사람들은 힘을 얻고 다시 농사일을 열심히 했습니다.

그 사이에도 장씨는 여전히 자기에게 보탬이 되는 일만 했습니다. 모순 마을의 딱한 사정을 알고 여러 곳에서 보내온 돈과 물건들을 장씨는 마을 사람들에게 알리지 않고, 자신의 가족과 따르는 무리들에게만 나누어 주었습니다.

그러면서도 혹시 자기를 몰아내고 택준을 이장으로 뽑을까 두려워 택준을 헐뜯고 다녔습니다.

"모택준이 마을 사람들에게 잘하는 이유가 뭔 줄 알아? 내 재산이 탐나서 그러는 거야. 날 몰아내고 내 땅이며, 집이며 모두 모택준이 가로채고 마을에는 아무것도 내놓지 않을걸. 당신들, 모택준에게 속고 있는 거야. 지금은 마을을 위해 일하는 것 같지. 하지만 두고 보라고. 이장이 되면 자기 배 채우기 바쁠걸. 게다가 모택준은 배운 것 없고, 가진 것 없어서 이장할 자격이 안 돼. 모택준이 모순 마을 대표라면 면사무소 관리들이 모순 마을을 우습게 볼 거라고. 내가 있으니 관리들이 우리 마을을 우러러보는 거야."

장씨는 마을 사람들의 고통은 아랑곳없이 자기 자리를 지키기에만 힘을 쏟았습니다. 하지만 모순 마을 사람들은 예전처럼 장씨 말에 따르던 사람들이 아니었습니다. 목숨을 바쳐 도적들과 싸우던 택준을 보고 생각이 달라졌습니다. 또한 슬픔에 잠긴 사람들을 위로하며 마을을 안정시키기 위해 열심히 일하는 택준에게 감동을 받았습니다.

택준과 장씨를 비교해 보면서 마을 사람들은 진정 모순 마을에 필요한 사람이 누구인지 깨달았습니다. 그래서 아무리 장씨가 택준의 험담을 늘어놓아도 듣지 않았습니다. 도리어 장씨의 옳지 않은 행동을 비난했습니다.

"우리가 바보였어. 돈이 있고, 많이 배웠으면 뭘 해. 우리 마을을 위해 진정 힘을 쏟는 사람이 필요한 줄 이제야 알았지 뭐야."

"자네 말이 맞네. 우리가 잘못 생각했던 거야. 이제라도 마을 사람들이 모두 모여 총회를 열자고, 잘못한 사람은 벌을 주고, 새로운 이장을 뽑자고."

마을 사람들은 한마음으로 총회를 열기로 했습니다.

드디어 모순 마을 총회가 열렸습니다. 장씨는 여전히 거드름을 피우며 사람들 앞으로 나와 말했습니다.

"내가 이제껏 이 모순 마을을 위해, 애 많이 썼다는 거……."

장씨는 끝내 자기 잘못을 뉘우치지 않았습니다. 이런 장씨에게 화가 난 사람들이 소리쳤습니다.

"당장 물러나라!"

"자기만 위하는 사람은 필요 없다!"

비난이 쏟아졌습니다. 장씨는 예상치 못한 사람들의 반응에 당황했습니다. 그러자 몇 사람이 장씨를 붙잡아 한쪽으로 끌어냈습니다.

소란이 가라앉은 뒤, 영신이 사람들 앞으로 나섰습니다.

"이제부터 자기의 이익에 눈이 어두워 마을 사람들에게 피해를 입힌 장 이장을 심판하겠습니다."

영신은 장씨가 저지른 잘못을 자세히 말했습니다. 모든 사실이 밝혀졌는데도, 장씨는 반성하지 않았습니다.

"모함이야, 모택준이 날 모함하는 거라고!"

마을 사람들은 장씨를 모순 마을에서 영원히 쫓아내기로 의견을 모았습니다.

"장씨는 이장의 역할을 제대로 하지 않았다. 또한 마을로 들어온 표창장과 상금, 선물을 가로챘다. 농사일을 시키고 품삯을 주지 않았다. 모택준과 그의 친구들을 헐뜯고 마을 사람들을 이간질했다. 도적들이 쳐들어오도록 내버려 두었다. 도적들을 막는데 힘쏟지 않았다."

장씨가 저지른 죄를 열거했습니다. 그리고 장씨에게 벌을 주었습니다.

"이와 같은 이유로 우리는 장 이장을 마을에서 추방하여 '소말'이라는 섬에서 살도록 하겠다."

장씨는 모순 마을에서 쫓겨나 '소말'이라는 섬에서 살게 되었습니다. 마침내 택준과 마을 사람들의 노력으로 진실이 승리를 거두었습니다.

"이젠 새로운 이장을 뽑도록 하겠습니다."

영신이 새로운 이장 후보를 추천하라고 하자, 마을 사람들은 한 목소리로 모택준을 외쳤습니다.

"모택준! 모택준! 모택준!"

택준은 이장이 되고 싶은 마음이 없었지만, 사람들의 한결같은 소망을 알았으므로 이장자리를 수락했습니다.

"보잘것없는 저를 마을 대표로 뽑아 주셔서 감사합니다. 새로운 마을을 만드는데 온 힘을 기울이겠습니다."

다음날부터 택준은 낮에는 마을 사람들을 한 사람씩 만나, 가장 필요로 하는 것이 무엇인지, 모순 마을이 어떻게 변했으면 좋겠는지 등에 대해 들었습니다. 또한 밤에는 사람들이 바라는 마을을 만들기 위해 여러 사람들과 머리를 맞대고 연구하였습니다.

그리고 드디어 모순 마을을 변화시킬 방법들을 찾아냈습니다.

총회를 열어 택준이 앞에 나섰습니다.

"사람은 누구든지 태어날 때부터 자유와 평등을 누릴 수 있어야 합니다. 어떤 사람이나 일 때문에 자유와 평등을 해쳐서는 안 됩니다. 하지만 지금까지 우리 마을 사람들은 자유가 없었으며, 평등하지 못한 대접을 받아 왔습니다. 열심히 일했으나 이익은 다른 사람이 가져갔습니다. 하고 싶은 말도 제대로 못하고 살았습니다. 이제부터는 그런 일이 없어야겠습니다. 그동안 마을 사람들을 만나 머리를 맞대고 모순 마을의 문제가 무엇인지, 또 어떻게 해결할지 고민했습니다."

택준은 모순 마을의 문제점을 지적하고, 새로운 제도를 설명했습니다.

"우리 모순 마을의 가장 큰 문제는 장씨를 비롯한 몇 사람만 논과 밭을 갖고, 많은 사람들은 논 한 뙈기도 갖지 못했다는 겁니다. 내 땅이 없으니 남의 땅에서 일하고, 적은 품삯을 받아야 했습니다. 풍년이 들더라도 품삯은 오르지 않았습니다. 더구나 받아야 할 품삯을 주지 않아도 그 일마저 못할까봐 두려워서 달라고도 못했습니다. 이 때문에 땅 가진 사람들은 일하는 사람을 함부로 취급하였습니다. 이것은 자유와 평등에 반대되는 일입니다. 땀 흘려 일한 사람이 올바른 대가를 받는 제도가 필요합니다. 따라서 마을 공동으로 땅을 가지고 마을 사람들이 함께 농사를 짓겠습니다. 그래서 일한 만큼 가져가도록 하겠습니다."

이 말을 듣고 마을 사람들은 기뻐 소리쳤습니다.

"좋소, 좋아!"

계속해서 택준이 말했습니다.

"일을 할 수 없는 노인이나 어린이, 임산부, 학생은 마을 공동으로 마련한 경비를 주어 생활하도록 합시다. 또한 병원비, 학비, 주

택비 등도 많은 돈이 듭니다. 이러한 것들도 마을 공동의 경비를 사용하도록 합시다."

"그것도 찬성하오!"

"다음으로 마을 대표 자격을 바꿉시다. 돈이 많거나 많이 배운 사람보다 가난하고 배운 것이 적어도 마을을 사랑하고 열심히 봉사하려는 사람이면 누구든지 대표가 될 수 있도록 선거 제도를 바꿉시다. 또한 여성이나 어린이도 남자나 어른과 똑같이 대접받도록 합시다."

마을 사람들은 모두 일어나 박수를 쳤습니다.

"모두 찬성!"

그 뒤 마을 사람들은 택준이 말했던 방법들을 행동으로 옮겼습니다. 이렇게 하여 모순 마을은 자유와 평등을 누리는 새로운 마을이 되었습니다. 자기 자신보다 마을과 사람들을 먼저 생각하는 모택준을 비롯한 많은 사람들의 노력으로 모든 사람이 꿈꾸는 마을로 변했습니다.

인식과 실천의 문제

　일반적으로 인식이란 대상을 파악하는 주관적인 사고 작용을 말합니다. 객관적 실재의 성질과 구조와 법칙을 경험적, 이론적 지식이라는 형태로 인간의 의식 속에 비교적 적합하게 반영하는 것입니다. 인간은 이 객관적 실재를 이론적으로 파악하여 자기 것으로 만들고, 실천 활동을 통해 이러한 인식의 정당성을 확인합니다.

　모택동은 1937년에 발표한 '실천론'에서 "인식은 실천으로부터 시작하고, 실천을 통하여 이론적인 인식에 도달하며, 다시 실천으로 돌아간다"고 말하면서, 인식과 실천이 서로 다른 성질이지만 끊임없이 상호 침투하는 과정을 거치는 것으로 여겼습니다.

　모택동은 인간의 사상 역시 하늘로부터 내려오거나 두뇌 속에 고유하게 있는 것이 아니라, 사회의 생산 투쟁 · 계급 투쟁 · 과학 실험 등 사회적 실천으로부터 나오는 것이라고 했습니다. 즉 인간의 인식 작용 역시 주관의 단독적인 작용에 의해 형성되는 것이 아니라, 객관적인 실천 활동을 통해 형성된다는 것입니다. 이것은 그가 '인식' 자체

는 주관적인 영역에 속하지만, 인식은 철저히 사회적 실천을 떠나서 성립할 수 있는 것이 아니라, 사회적 실천에 의존할 때 비로소 성립하는 것으로 생각하는 면입니다.

그러나 모택동은 인식이 객관적인 실천에 의존하지만, 능동성이 있는 것으로 생각했습니다. 그는 인간의 인식이 동물처럼 본능적으로 작용하거나 기계적으로 객관을 반영하는 것이 아니라, 객관에 능동적으로 반영하는 것이라고 했습니다. 그는 "사상 등은 주관적인 것이고, 함이나 행동은 주관이 객관에서 드러나는 것인데, 모두 인류의 특수한 능동성이다. 이러한 능동성을 우리는 '자각적인 능동성'이라고 말하는데, 인간이 사물과 구별되게 하는 특징이다. 객관 사실에 근거하고 부합하는 모든 사상은 정확한 사상이고, 정확한 사상에 근거하는 모든 함이나 행동은 정확한 행동이다. 우리는 반드시 이러한 사상과 행동을 발양하고, 반드시 이러한 자각적인 능동성을 발양해야 한다"고 말하면서 '자각 능동성'의 발휘를 중시했습니다.

그는 사회적 실천의 객관 과정과 주관적인 능동성의 작용에 참여하는 사람들에게 다음과 같이 말했습니다. "인간의 인식은 감성적인 추이로부터 이성에 도달하고, 대체로 객관 과정의 법칙적인 사상 · 이론 · 계획 · 방안이 상응하여 조성된 이후에 다시 이러한 사상 · 이론 · 계획 · 방안이 동일한 객관 과정의 실천에 적응한다. 만일 예상한 목적을 실현할 수 있다면 예정된 사상·이론·계획·방안이 동일한 과정의 실천 속에서 바로 사실로 변하거나, 혹은 대체로 사실로 변할 것이다. 그렇다면 이러한 구체적인 과정에 대한 인식 운동은 완성될 것이다." 즉 모택동은 구체적인 실천 활동 과정에서 실패를 경험할 수도 있고 성공할 수도 있지만, 객관을 능동적으로 반영하는 주관적인 작용에 의해 주관과 객관의 통일을 이룬다면 인식 운동이 완성될 수 있을 것으로 말하여 주관과 객관의 통일을 중시했습니다.

이러한 인식의 토대 위에서 모택동은 '신민주주의'를 이루어 가는 시대에 객관적인 현실을 토대로 하지 않은 이론으로 무장된 '주관주의자'나 이성적 인식을 소홀하게 취급하는 '경험주의자'들의 문제를 지적하며 자신의 의지를 현실에 투영해 갔습니다.

그리고 그는 '인식과 실천의 통일' 부분에서 실천에 대해 인식 대상이 형성되는 기초이며 대상 인식에 대한 기초로써 인식 대상과 대상에 대한 인식이 상대적으로 통일되는 것이라고 했습니다. 즉 실천은 객관적인 물질 활동이면서 대상적인 감성 활동이기에 그 자체가 하나의 객관 존재입니다. 그러나 실천은 또 인간이 목적을 가지고 행하는 능동적인 활동이기에 그것을 단순하게 자연적인 물질 존재라고 할 수도 없습니다. 따라서 실천 자체는 현실 세계의 모든 존재와 모든 관계를 포괄할 수 없고, 실천 활동 자체도 또한 그것이 의뢰하는

관계 영역을 떠나 성립되는 하나의 독립된 영역일 수 없습니다. 그러므로 실천은 하나의 관계 존재로써 철학적 반성을 필요로 하는 대상입니다.

또한 그는 '반영'에 대해서도 기계적이고 수동적인 반영이 아니라, 객체에 대한 주체의 탐색성과 독창성을 포함한 능동적인 반영으로 설명하면서 '창조적인 인식론'을 주창합니다. 그는 인식의 능동성 안에 자각성·의식성·자주성·자위성(自慰性)·적극성 등이 포함되어 있는 것으로 분석하고, 이러한 능동성과 창신성(創新性) 및 독창성에 의해 '창조적 인식론'의 성립이 가능한 것으로 생각합니다.

모택동은 모든 객관 세계의 변증법적 운동은 모두 인간의 인식 속에 반영될 수 있을 것으로 생각했습니다. 그는 사회적 실천 중의 발생·발전·소멸의 과정은 무궁하고, 인식의 발생·발전·소멸의 과정 또한 무궁한 것으로 보았습니다. 일정한 사상·이론·계획·방안에 근거하여 객관 현실을 변혁하는 실천은 한 번 한 번 앞으로 나아가고, 객관 현실에 대한 인식 또한 한 번 한 번 깊어지는 것으로 여긴 그는 객관 현실 세계의 변화 운동이 영원히 완결되지 않듯이 실천 속에서 진리에 대한 인간의 인식 또한 영원히 완결되지 않을 것으로 생각했습니다. 따라서 그는 이론과 실천·주관과 객관·인식(知)과 실천(行)이 구체적인 역사에서 통일되기 위해서는 구체적인 역사에서 행해지는 모든 잘못된 사상과 단절해야 할 것으로 생각했습니다.

　이러한 관점을 토대로 하여 그는 "실천을 통하여 진리가 발현되고, 또 실천을 통하여 진리가 실증되며 발전된다. 감성적 인식이 능동적으로 발전하여 이성적 인식에 도달하고, 또 이성적 인식이 능동적으로 혁명적 실천을 지도하며, 주관 세계와 객관 세계를 개조한다. 실천·인식·재실천·재인식은 이러한 형식이고, 순환 왕복하여 무궁함에 이르며, 실천과 인식이 매번 순환하는 내용은 모두 비교적 높은 정도로 나아간다"고 말하여, 인식과 실천의 통일에 관한 이론 근거를 제시했습니다.

모택동과의 만남

 가장 높은 곳에 뜻을 두어라.

-모택동

1 모택동이 궁금해요!

아빠가 모택준과 모순 마을에 대한 이야기를 마쳤습니다. 모택준을 비롯한 마을 사람들이 한마음이 되어 지금까지와는 전혀 다른 새로운 마을을 만들었다는 얘기에, 유리는 박수를 치며 좋아했습니다.

"우와! 결국은 모택준과 모순 마을 사람들이 승리한 거네요. 대단해요!"

아빠 역시 얼굴 가득 미소를 머금은 채 고개를 끄덕였습니다.

"아까 모택동 기념관에 왜 가는 거냐고 물었지? 네가 지금까지 들었던 모택준에 관한 이야기가 바로 모택동의 삶과 너무나 비슷하기 때문이야. 모택준이 새로운 마을을 세웠다면, 모택동은 새로운 중국을 일으켰지."

"정말요?"

"그럼. 중국 사람들은 모택동을 '새로운 중국을 세운 지도자'라고 부른단다. 우리나라 사람들이 세종대왕이나 이순신 장군을 존경하는 것처럼, 중국 사람들 대부분은 모택동을 존경하고 있지."

평소 세종대왕을 가장 존경해 왔던 유리는 모택동도 세종대왕과 같은 왕인지 궁금했습니다.

"아빠, 그럼 모택동은 새로운 중국을 세우고 왕이 된 건가요?"

"그는 왕이 아니라 최고 지도자란다. 모택동은 새로운 중국을 세우기 위해 많은 노력을 했단다. 조금 전 이야기에서 주민들이 모순 마을의 주인인 것을 깨달은 것처럼, 그는 나라의 주인이 국민이라는 사실을 알고 있었어."

"그렇다면 왕보다 더 훌륭한 사람이네요. 국민들을 소중하게 생각할 줄 아는 분이니까요."

"그렇지. 대부분의 중국 사람들도 모택동에 대해 그렇게 생각하고 있단다. 유리야, 넌 모택동이 어떤 사람인지 궁금하지 않니?"

"네, 알고 싶어요."

유리가 알고 있는 위인전은 대부분 지루하거나 딱딱하기 일쑤였습니다. 하지만 모택동이라는 사람에 관한 이야기는 왠지 재미있을 것 같았습니다. 유리는 다시 아빠의 이야기 속으로 빠져 들었습니다.

"모택동은 1893년 중국 호남성 상담현 소산이라는 마을에서 3남 2녀 가운데 장남으로 태어났단다. 그의 아버지는 무척 가난한 농부였는데, 절약 정신이 투철한 사람이었지. 그래서 그는 조금씩 논과 밭을 살 수 있었고, 나중에는 다섯 명의 자식을 키우는데 큰 걱정을 하지 않아도 될 정도가 되었단다."

유리는 고개를 끄덕였습니다. 하지만 모택동 역시 다른 위인들처럼 가난한 집안에서 태어나 타고난 성실함과 남다른 끈기로 성공한, 그런 틀에 박힌 인물일지도 모른다는 생각이 들었습니다. 만약 그렇다면……, 모택동에 관한 얘기에 열중하고 있는 아빠께 미안할 것 같았습니다. 분명 아빠의 이야기가 귀에 들어오지 않을 테니까요.

"일곱 살 때부터 열세 살 때까지 모택동은 마을에 있는 서당에 다녔단다. 아침저녁에는 논밭에서 일을 하고, 낮에는 서당에서 공부를 했지. 그런데 그 당시에 모택동은 조금만 잘못해도 매를 때리는 선생님이 무서워서 집을 뛰쳐나간 적도 있었단다."

이 얘기를 듣는 순간, 유리는 구미가 확 당겼습니다. 서당 선생님이 무서워 가출했다는 것은 모택동이 평범한 사람들과 구별되는 특별한 모범생이 아니었다는 사실을 증명하는 것이기 때문입니다. 유리는 그도 자신과 똑같은 평범한 사람이었을 것이라는 생각이 들었습니다.

"아빠, 모택동과 같이 위대한 사람이 매가 무서워서 서당 가는 것을 빼먹었다니…… 이해가 잘 안 돼요."

"그것은 네가 위인들에 대해 잘못된 선입관을 가지고 있기 때문이야. 유리는 위인들이 어려서부터 모든 것을 잘했을 거라고 생각하지? 사실 위인들 가운데 상당수는 어린 시절을 평범하게 보냈단다. 모택동 역시 그랬지."

"그럼 모택동은 언제부터 위대한 업적을 세우기 시작했어요?"

"응. 모택동은 성장해 가면서 자기 나라의 상황에 대해 깊이 고민하게 되었고, 그것에 대해 효과적인 대처 방안을 찾기 시작했단다. 그가 위대한 일을 하게 된 것은 그때부터라고 할 수 있어. 평범한 사람이었던 택준이가 문제 있는 세상을 변화시키고자 노력하는 과정에서 자연스럽게 지도자로 떠오른 것과 같다고 할 수 있지."

"아, 그렇군요. 아빠, 그러면 저도 나중에 위인이 될 수 있겠네요?"

"그럼. 당연히 유리도 위인이 될 수 있지. 모택동처럼 한다면 말이다. 모택동은 서당을 졸업한 후, 낮에는 논밭에서 일하고 밤에는 부모님을 대신하여 집안일을 했단다. 그리고 틈이 나는 대로 다양한 책을 구해 읽었지. 그는 학교를 다니지 못하는 대신 폭넓은 독서를 통해 자신의 생각을 키워 나갔단다. 그가 죽는 날까지 독서를 즐겨한 것은 이 무렵에 생긴 독서 습관 때문이기도 하지."

"훌륭한 사람이 되기 위해서는 책을 많이 읽어야 되나 봐요."

유리는 아빠의 이야기를 들으며 독서의 중요성을 다시 한 번 느낄 수 있었습니다.

"물론이지, 책 속에는 우리가 경험만으로는 알 수 없는 다양한 지식과 정보가 들어 있잖니. 모택동은 서양의 과학 기술을 바르게 쓰지 못했기 때문에 중국이 어려운 상황에 처하게 된 것으로 생각했어. 그래서 새롭게 펼쳐지는 세상의 흐름에 관심을 기울이기 시작했단다. 그는 서양의 사상과 위인들에 관한 책을 많이 읽었어.

책을 읽고 새로운 세상의 흐름을 알수록 그는
학교에 가서 공부하고 싶은 마음이 더 간절해
졌단다."

유리는 모택동이 왜 그렇게 학교에 가고 싶어
했는지 잘 이해가 되지 않았습니다.

"학교에 안 가면 공부도 안 하고, 시험도 안
보고……, 얼마나 좋아. 나 같으면 그냥 집에
있었을 텐데."

유리는 아직 어리기 때문에 이해가 잘 안 되
는 것이라며 아빠는 말을 이었습니다.

"모택동이 태어나기 수십 년 전에 중국은 영
국과 전쟁을 했다가 크게 지고 말았지. 전쟁에
서 진 원인 가운데 하나는 발달한 서양의 과학
기술 때문이었단다. 그 전쟁에서 패하기 전까
지 대부분의 중국 사람들은 중국이 세계에서
가장 발달한 나라이며 세계의 중심이라고 생각
했어. 그래서 그들은 발달된 서양의 과학 기술
과 새로운 민주주의 사상을 별로 중요하게 여

기지 않았지."

"중국인들이 자만에 빠져 있었던 거군요."

"허허, 그렇게 생각할 수도 있겠구나. 중국인들은 전쟁에 패하고 나서야 서양 문명에 대해 충격을 받았지. 이 때문에 뜻있는 중국 사람들은 서양의 새로운 사상을 알고 싶어 했어. 모택동도 이러한 새로운 문명을 알고 싶었던 거야. 그는 새롭게 변해 가는 세상의 흐름을 잘 알기 위해서는 학교에 들어가야 한다고 생각했지. 그래서 모택동은 학교에 들어가기를 원했고, 마침내 그의 나이 스무 살 때 아버지의 허락을 받고 학교에 들어갈 수 있었단다."

"그랬구나. 아빠, 모택동은 학교에 들어가서 공부를 잘 했나요?"

"아까도 잠깐 말했지만, 어린 시절부터 학교에 다니던 청년 시절까지 중국은 매우 어수선했어. 그래서 모택동 역시 공부에 전념하기가 쉽지 않았지."

유리는 모택동의 상황을 충분히 이해할 수 있었습니다. 나라가 어수선하지 않아도 공부에 전념하는 것은 쉽지 않았으니까요.

"이 무렵의 중국 상황이 어땠는지 알아야 모택동에 대해서도 잘 이해할 수 있겠다. 그럼, 지금부터 좀 더 자세히 설명해 줄 테니 잘 들어봐."

"네, 모택동이 살았던 시대는 어땠을지 정말 궁금해요. 아빠, 빨리 애기해 주세요."

아빠는 유리의 재촉에 매우 흐뭇해하며 당시의 상황을 애기하기 시작했습니다. 유리도 아빠의 애기를 하나도 놓치지 않겠다는 듯 눈망울을 반짝였습니다.

2 모순 덩어리 세상

"모택동이 태어나기 전부터 어린 시절까지 중국은 왕이 다스리고 있었단다. 그런데 세계 여러 나라들이 교역을 핑계 삼아 중국의 풍부한 자원과 땅을 노리고 쳐들어왔어. 하지만 침략을 막아 내야 할 왕과 관리들은 자기 이익만 챙기느라 적들을 막아 낼 힘을 기르지 못했지. 결국 그들은 적들이 달라는 것을 대부분 주고, 국민들은 고통을 받도록 내버려 두었단다."

"어머, 어떻게 그럴 수 있어요? 정말 너무해요."

"침략한 군인들이 괴롭히지, 자기 나라 관리들에게 시달리지……, 그러니 국민들이 얼마나 힘들었겠니. 많은 중국인들이 다른 나라에 맞서 나라를 구하고자 노력했지만 쉽지 않았어. 그 과정에서 사람들은 다른 나라로부터 중국을 구하고 국민들이 편안해지려면, 왕을 몰아내고 국민이 주인이 되는 나라를 만들어야 한다는 것을 깨달았지."

유리는 점점 아빠의 이야기에 빠져 들었습니다. 당시의 혼란스러웠던 중국의 상황을 상상하면서 말입니다.

"1911년에 '신해혁명'이 일어났단다. 국민이 주인 되는 나라를 만들려고 말이야. 손문을 대표로 하는 혁명군이 승리하자 마침내 중국은 수천 년 동안 이어져 왔던 왕조가 무너지고, 민주주의를 이념으로 하는 새로운 정부가 세워졌어."

"우와, 잘 됐다. 그럼 중국인들의 삶은 자유로워졌겠네요?"

"그렇진 않단다. 새로운 정부 수립도 잠시뿐이었고, 군인들이 정치의 전면에 등장하면서 중국은 다시 혼란의 시대로 접어들었지. 모택동은 군인들이 정치를 하던 혼란스런 시대에 학교를 다녔던 거야. 이 무렵 그는 세상이 모순 덩어리라는 것을 알았어. 아까 이야기에서 택준이 세상의 문제점을 깨달았듯이 말이다. 모택동 역시 그때 세상의 문제를 깊이 있게 관찰했어. 그리고 문제를 해결하려면 세상을 정확히 알아야 하고, 그러기 위해서는 독서가 매우 중요하다는 것을 더욱 깊이 깨달았지."

유리가 아빠 말에 끼어들었습니다.

"책에 길이 있다는 말을 모택동도 알았나 보네요?"

"그렇지. 그 무렵 모택동은 정말 다양한 종류의 책을 많이 읽었단다. 깊이 생각하면서 책을 읽었기 때문에 날이 갈수록 지혜도 쌓여 갔지. 그리고 학교 교육이 중요하긴 하지만 그것이 전부는 아니라는 사실도 이때 깨달았단다. 그는 학교 공부보다 더 중요한 것은 스스로 자신의 주인이 되어 세상 문제를 방관하지 않고 해결하기 위해 노력하는 일이라고 생각했어. 즉 정확하게 아는 것과 그것을 실천하는 것이 모두 중요하다는 것을 깨달았던 거야."

"아빠, 그럼 학교를 졸업한 모택동은 세상 문제를 해결하기 위해 노력했겠네요?"

"그래. 바로 그거야. 모택동은 학교를 졸업하자마자 세상의 모순을 해결하기 위해 온갖 노력을 다했어. 마치 택준이가 했던 것처럼 말이다. 그 하나의 예로 1919년에 중국에서는 우리나라의 '3·1운동'의 영향을 받기도 한 '5·4운동'이 일어났어. 이것은 중국 국민들이 당시 군인들의 잘못된 통치에 항의해서 일어난 운동이었단다. 모택동도 이 운동에 적극적으로 참여했어."

"아빠, 3·1운동에 대해서는 저도 알아요. 우리나라가 일본으로부터 독립하기 위해 일으켰던 만세 운동이잖아요. 그런데 그 3·1운동이 중국의 5·4운동에 영향을 주었다니, 정말 대단하다는 생각이 들어요."

"유리가 3·1운동을 알고 있다니, 아빠도 뿌듯하구나."

"한국 사람이 어떻게 3·1운동을 모를 수 있겠어요? 당연히 알아야죠. 아빠, 이제 5·4운동 이후의 상황에 대해 말씀해 주세요."

"지루하지 않겠니?"

"천만에요. 재미있기만 한걸요."

유리는 호기심 가득한 눈으로 아빠를 바라보았습니다. 빨리 이야기를 들려 달라고 조르는 듯했습니다. 아빠도 유리의 마음을 알았는지 이야기를 이어 나갔습니다.

"다행이구나. 그럼 그 이후의 상황에 대해 이야기해 줄게. 잘 들어 보렴."

"네."

"5·4운동을 기점으로 하여 중국인들은 왕과 군인들의 통치 시

대보다 민주주의가 훨씬 중요하다는 것을 깨달았단다. 그런데 그 동안 국민들로부터 존경을 받아왔던 손문이 1924년에 죽고 말았지. 그러자 장개석이 손문의 자리를 이어받아 총통이 되었단다."

"총통? 아빠, 총통이 뭐예요?"

"총통은 국가 원수를 이르는 말이란다. 장개석 총통은 겉으로는 민주주의를 한다고 했지만, 실제적으로는 모든 국민들을 평등하게 대하지 않았단다. 장개석 총통은 그를 지지하는 일부 계층들에게만 많은 혜택을 줬을 뿐, 일반 서민들에게는 그렇게 해 주지 않았지. 다시 말하면 장개석 총통은 사회적인 지위를 가진 사람이나 돈과 땅을 많이 가진 몇몇 사람들에게만 많은 혜택이 돌아가도록 하는 정책을 펼쳤던 거야. 힘과 권력이 없어서 어려움을 당하고 있던 많은 국민들의 고통은 돌보지 않았어. 장개석 총통 일파는 권력의 부패를 증가시키며 많은 국민들의 삶을 행복으로 이끌지 못한 편이었어."

"에이, 그게 뭐야? 그건 진정한 민주주의가 아니잖아요."

"그래, 모택동도 유리와 같은 생각을 했어. 그는 장개석 총통과 그 일파의 이러한 정치를 매우 잘못된 것으로 생각하고, 진정으로 서민들이 주인 되는 세상을 만들기 위해 노력했지. 그렇다면 장개석 총통은 모택동의 이러한 노력을 환영했겠니, 싫어했겠니?"

"싫어했을 것 같아요."

"그래, 맞다. 장개석 총통은 모택동의 이러한 행동을 좋아하지 않았단다. 아니, 단순히 싫어한 정도가 아니라, 모택동과 그의 동료들을 몰아내기 위해 많은 군대를 동원하기도 했어."

"정말요?"

"그래. 하지만 모택동과 그의 동료들은 장개석 총통의 막강한 군대와 대적할 힘이 없었단다. 그들은 국민들을 하늘처럼 받들고 국민들에게 봉사하며 지내고자 했지. 그러던 어느 날 장개석 총통의 군대가 어떻게 알았는지, 그들이 머물고 있는 지역을 공격하기 시작했어. 모택동과 동료들은 어쩔 수 없이 장개석 총통의 군대를 피하기 시작했지. 그 와중에도 모택동과 동료들은 가는 곳마다 국민들과 함께 하기 위해 최선의 노력을 했단다. 마치 택준이 그랬던 것처럼 말이다."

유리는 모택동이 불쌍하다는 생각이 들었습니다. 한두 명의 사람들을 피해 다녀야 되는 것도 아니고, 군대를 피하는 것이 쉽지 않았을 테니까요.

"마침내 모택동 일파는 수많은 죽을 고비를 넘기며 장개석 총통군을 피해 행군한 지 1년 만에 연안이라는 곳에 정착했지. 역사는 모택동과 그 동료들이 장개석 총통군을 피하기 위해 강서성 서금에서 섬서성 연안에 이르는 약 25,000리에 해당하는 고난의 행군을 '대장정'이라고 부른단다."

"우와! 25,000리면 얼마나 되는 거야? 모택동은 정말 힘들었겠어요."

"물론 그렇겠지. 연안에 도착한 이후, 모택동과 동료들은 진정으로 국민이 주인 되는 세상을 만드는데 온 힘을 기울였어. 날이 가고 세월이 흐를수록 그들에 관한 소식이 널리 알려졌단다. 그래서 전국 각지에서 뜻있는 국민들이 그들과 함께 새로운 나라를 건설하겠다며 그들이 머물고 있는 연안으로 몰려들었지. 그러면 그럴수록 그들은 더욱 국민과 함께 하기 위해 노력했단다."

"역시 사람들의 마음은 정직한 것 같아요."

"그렇지. 그 무렵 장개석 정부는 부패가 더욱 심해져 국민들로부터 신임을 잃어가고 있었지. 유리야, 네가 생각하기로 국민들로부터 신임을 잃은 나라에 대해 나쁜 이웃 나라는 어떻게 하겠니? 그냥 지켜보기만 할까, 아니면 침략하려고 할까?"

"좋은 이웃 나라가 아니라 나쁜 이웃 나라라면 침략하려고 하겠네요."

"맞다. 당시 세계 정세는 강한 나라가 약한 나라를 무차별적으로 침략하는 제국주의가 확대되고 있었단다. 그때는 우리나라도 제국주의 국가인 일본에 의해 이미 치욕을 당하고 있었지. 일본은 부패한 장개석 정권도 그냥 놓아 두지 않았어. 일본은 마침내 1937년 중국을 침략했지. 중국인들은 목숨을 걸고 일본에 항거했어. 모택동과 장개석 총통도 나라의 위기를 구하기 위해 서로 협조하기로 했단다. 모택동과 장개석이 서로 협조하여 일본을 물리치기로 한 이 사건에 대해 역사는 '제2차 국공합작'이라고 부른단다."

"아빠, '제2차'라고 하면 '제1차'도 있었겠네요?"

"그렇단다. 1924년에 '제1차 국공합작'이 있었단다. 제1차 국공합작은 1927년에 여러 사정으로 인해 깨지고 말았어. 모택동과 그의 동료들은 아까 이야기한 대로 제1차 국공합작이 결렬된 이후, 장개석 총통으로부터 공격을 받아 죽을 고비를 여러 번 넘겼단다."

"아빠, '국공합작'이라고 할 때, '국공'은 무슨 뜻이에요?"

"응. 그것은 정치하는 사람들이 속한 정당을 말하는 것이야. 즉

'국'은 장개석 총통이 속한 '국민당'을 말하고, '공'은 모택동과 그의 동료들이 속한 '공산당'을 말하는 거야."

"그럼 모택동은 공산당에 속하는 거예요?"

"그렇단다. 너도 공산당에 대해 아니?"

"그럼요. 한국에서 학교 다닐 때, 공산당은 나쁘다고 선생님한테 배웠어요."

"그렇구나. 그런데 유리야, 너에게 공산당이 나쁘다고 말한 선생님은 공산당을 좋지 않게 여겼던 분일 거야. 일반적으로 사람들은 어느 한 편에서 서서 다른 편을 평가한단다. 그때 그들은 대부분 자신이 옳고 상대방은 잘못되었다고 평가하곤 하지. 특히 어떤 문제에 대해 생각이 같은 사람들을 중심으로 맺어진 정당은 자신과 다른 생각을 가진 정당에 대해 심하게 비난을 한다. 이 둘 사이의 생각 차이를 잘 분별하지 못하는 사람들에게 누군가가 어느 한 편에서 다른 편에 대해 잘못 평가할지라도 듣는 사람은 그 잘못된 내용을 사실로 여길 수 있단다."

유리는 아빠의 말을 진지하게 들었습니다. 유리는 선생님의 말만 듣고 공산당은 무조건 나쁘다고 생각하고 있었기 때문입니다.

"보아하니 유리에게도 그런 현상이 나타나는 듯싶구나. 너는 사실 공산당이 무엇인지도 잘 모르는데, 선생님이 공산당에 대해 좋지 않게 말한 것을 일방적으로 수용했지."

"맞아요. 사실 전 공산당이 어떤 정당인지 잘 몰라요."

유리는 부끄러운 듯 말했습니다. 아빠는 유리를 보며 빙그레 미소를 지었습니다.

3 자유와 평등의 대동사상

아빠는 얘기를 계속 이어 나갔습니다.

"공산당이라고 하더라도 나라마다 그 특징에 차이가 있게 마련이다. 아마도 너의 선생님이 평가한 공산당은 모택동과 그의 동료들이 속한 중국의 공산당은 아닌 것 같구나. 왜냐하면 너의 선생님을 비롯한 많은 한국인들, 특히 한국 정부의 관리들이 중국 공산당에 반대하는 내용을 정책에 반영했다면, 1992년에 한국과 중국 사이에 수립된 국교 정상화가 지속적으로 유지되기 힘들었을 테니 말이다. 더욱이 현재 양국의 교역 관계는 해가 갈수록 더욱 확대되고 있지 않니?"

"어? 정말 그러네요."

유리는 이해가 된다는 듯이 고개를 끄덕였습니다.

"너도 알겠지만, 현재 우리나라에서 무역 거래를 가장 많이 할 뿐만 아니라 그것을 통해 가장 많은 이익을 얻는 나라가 바로 중국이란다. 그리고 요즈음 '한류'가 중국에서 얼마나 많이 유행하고 있니? 지금의 중국을 이끄는 지도자들은 다름 아닌 모택동이 관계했던 공산당에 속한 사람들이란다."

"맞아요. 요즘 우리나라는 경제, 문화 등 다방면에서 중국과 매우 긴밀한 관계를 맺고 있어요."

"그래. 우리 유리가 잘 이해하는구나. 너의 선생님이 어떤 근거로 공산당이 나쁘다고 말했는지는 잘 모르겠지만, 선생님이 말한 공산당은 중국의 공산당과 관련이 적은 것 같다. 만일 그 공산당이 중국의 공산당을 가리켰던 것이라면, 아마도 너의 선생님이 중국의 공산당을 오해한 데서 비롯된 것일지도 몰라."

"오해요?"

"그래. 모택동이 건국 이후에 여러 가지 잘못을 범하기는 했지만, 건국 이전까지는 국민의 편에 서서 국민이 중심 되는 나라를 세우기 위해 노력했단다. 만일 그러한 내용이 거짓이라면 13억이 넘는 사람들이 살고 있는 오늘날의 중국에서, 어떻게 죽은 지 30년이 지난 모택동의 사진이 아직까지 천안문에 걸려 있을 수 있겠니?"

유리는 아빠의 말을 들으면서 공산당이 무엇인지는 잘 모르겠지만, 모택동이 속한 중국 공산당이 국민의 편에서 국민을 위해 봉사하고 희생했으리라 생각되었습니다. 특히 아빠가 지적했던 것처럼 건국 이후에는 문제가 있었을지 몰라도, 건국 과정에서 중국 공산당과 모택동은 평등사상을 기초로, 국민을 하늘처럼 섬기며 국민이 주인인 나라를 세우기 위해 많은 노력을 기울였기 때문입니다.

"아빠, 그동안 제가 잘 몰랐던 중국 공산당에 대해 알 수 있었어요. 이제 제2차 국공합작 이후의 상황에 대해 말해 주세요."

"그러자구나. 모택동과 중국의 국민들이 힘을 합쳐 일본군과 싸운 끝에 중국은 마침내 승리를 하였단다. 그러나 장개석 정권과 모택동 일파는 결국 또 싸우고 말았지. 사실 장개석 총통은 일본군과 싸우는 기간에도 모택동과 그의 동료들을 종종 곤경에 빠뜨

렸단다. 모택동은 참으로 어려운 조건에서 일본군과 싸워야 했고, 다른 한편으로는 장개석 정권의 방해 공작을 이겨내야 했지."

"같이 힘을 합치기로 해놓고는……, 그건 나쁜 거잖아요?"

"물론 좋은 행동이 아니지. 하지만 모택동과 그의 동료들은 오로지 국민과 함께 하려고 했기에 승리할 수 있었단다. 그렇게 일본군을 몰아낸 후, 부패가 심했던 장개석 정권으로부터 국민의 권리를 회복시킨다는 명분으로 모택동은 다시 장개석 정권과 싸움을 벌였지."

"그럼 이 싸움에서 누가 이겼어요?"

"이 싸움에서 중국의 많은 국민들은 장개석 정권 대신 모택동과 그의 동료들을 지지했단다. 그래서 마침내 1949년 10월 1일에 중국 역사에서 최초로 서민들이 주인이 되는 '중화인민공화국'을 성립시켰던 거야. 모택동은 이 새로운 중국에서 주석이 되었어. 주석은 국가 원수를 이르는 말이란다."

"아빠의 말씀을 들으니, 새로운 중국의 건국에 대해 좀 더 분명하게 알겠어요. 아빠, 많이 피곤하시지요?"

"아니. 괜찮다. 나는 피곤하지 않단다. 유리가 피곤한가 보구나."

"아니에요. 피곤하지 않아요. 아빠, 정말 피곤하지 않으시면 마

지막으로 하나만 더 여쭤 볼게요."

"그래, 그러려무나. 유리한테는 조금 어려운 이야기일 텐데, 그래도 유리가 흥미 있어 하니, 아빠는 정말로 기분이 좋구나."

"아빠한테 설명을 들으니, 저도 기분이 좋아요. 장개석 총통과 모택동 주석이 둘 다 국민의 편에 선다는 것은 같았는데, 실제로 한 일은 많이 다르잖아요. 이렇게 차이가 나는 원인이 무엇인지 다시 한 번 설명해 주세요."

"아까 설명했었는데, 역시 그 부분이 좀 어려웠나 보구나. 앞에서도 말했지만 장개석 총통과 모택동 주석이 둘 다 국민이라는 말을 사용하였지만, 장개석 총통이 말하는 국민의 내용과 모택동 주석이 말하는 국민의 내용에 차이가 있었단다. 장개석 총통이 말하는 국민의 주된 내용은 주로 사회적으로 이미 많은 것들을 이룬 사람들을 일컫는 것이었고, 모택동 주석이 말하는 국민의 주된 내용은 기존의 사회 구조에서 권리를 획득하지 못한 가난한 서민들을 말한 것이란다."

"정말 똑같은 말인데도 그 안에 담긴 의미에는 많이 차이가 있네요."

"그렇지. 우리나라의 상황으로 비유하자면 장개석 총통이 중시하는 국민은 주로 중산층 이상에 해당하는 경제적으로 여유가 있는 사람들을 말하는 것이고, 모택동 주석이 말하는 국민은 주로 중산층 이하에 해당하는 경제적으로 어려운 서민들을 말하는 것이지. 유리도 이미 알겠지만, 장개석 총통이나 모택동 주석이 국민을 중시한다고 말하지만, 각자가 중시하는 국민의 내용이 이처럼 다르기 때문에 정책에서도 많은 차이를 보인 거란다."

유리는 두 사람의 행동에 왜 이런 차이가 생기게 되었는지 알 것 같았습니다. 아빠는 이에 대해 좀 더 자세히 이야기해 주었습니다.

"중국은 건국 과정에서 장개석 총통과 모택동 주석 사이의 이러한 생각 차이를 결국 좁히지 못했단다. 끝내는 서로 전쟁을 하기에 이르렀고, 전쟁 기간에 많은 국민들은 죄도 없이 죽어 갔지. 참으로 안타까운 일이었어."

"같은 민족끼리 싸우는 것은 정말 슬픈 일인 것 같아요."

"이것이 바로 '모순' 이란다. 이것은 모택동 역시 이러한 모순의 세상에서 벗어날 수 없는 사람이라는 것을 보여 주는 것이기도 해. 그리고 이 모순을 해소하기 위해 노력하는 가운데 좀 더 많은 사람들이 이전의 모순에서 자유로워질 수 있음을 말하는 것이기도 해."

"아, 그런 거구나."

"그 당시 모택동과 동료들은 국민들 각자의 마음속에 간직되어 있는 고유한 생각의 차이를 존중하였지. 아울러 각자의 생각이 독선적인 방향으로 흐르지 않도록 유도하면서, 자유와 평등이 보장되는 건강한 공동체 국가를 건설하기 위해 노력했단다. 그러한 모택동의 생각은 중국인들이 수천 년 동안 이상으로 여겼던 '대동사상'을 현대의 민주주의 사상과 잘 조화시킨 것이라고 할 수 있단다. 즉 이것은 모택동이 자신들의 뿌리가 되는 전통 사상을 함부로 버리지 않고, 생산적으로 계승하여 현대에 맞게 활용하는 지혜를 발휘한 것이라고 할 수 있지."

유리는 아빠와 긴 시간 동안 대화를 하면서 생각의 차이에 따라 많은 내용이 달라질 수 있음을 알았습니다. 모택동에 대한 이야기는 유리로 하여금 생각이 다른 사람과 어떻게 관계해야 하는지의 문제와, 어떤 것을 결정할 때 좀 더 깊이 있게 생각하는 것의 중요성을 일깨워 주는 소중한 시간이었습니다.

4 천안문 광장으로

아빠의 이야기를 모두 듣고 유리는 모택동 기념관에 가 보고 싶었습니다.

"기념관에 놀이 기구가 없어도 괜찮아요. 내일 아침 일찍 가요."

아빠는 유리의 머리를 쓰다듬었습니다.

"내일 10월 1일은 새로운 중국의 탄생일이니 아마 천안문 광장이 사람들로 가득 찰 거야. 우리도 그들 틈에 있을 거고……."

다음 날 아침, 유리는 일찍 잠에서 깨어나 아빠를 졸랐습니다.

"얼른 준비하고 천안문 광장에 가요."

유리와 아빠는 2층 버스를 타고 천안문 광장으로 갔습니다. 버스 안에는 사람들로 가득했습니다. 천안문 광장에 다다르자 버스에 있던 사람들이 모두 내렸습니다.

"와! 사람들 좀 봐요. 꼭 바다에 온 것 같아요, 사람 바다 말예요."

100만 명이 들어설 수 있다는 천안문 광장은 발 디딜 틈 없이 많은 사람들로 꽉 찼습니다. 10월 1일은 '중화인민공화국'의 탄생일이라 평소보다 더 많은 사람들이 천안문 광장으로 몰려들었기 때문입니다.

아빠가 유리를 불렀습니다.

"유리야, 저거 보이니?"

아빠가 가리키는 천안문에는 커다란 사진이 걸려 있었습니다. 사람들 때문에 코앞에 있는 것은 잘 보이지 않았지만, 멀리 있는 사진은 커서 잘 보였습니다.

"저 사람이 누구에요?"

"모택동 생전의 모습이란다."

사진 양 옆으로 글씨가 보였습니다.

'중화인민공화국 만세'

'세계인민대단결 만세'

 사진과 글씨를 보며 유리는 중국 사람들이 모택동을 몹시 존경하고 있다는 것을 실감했습니다. 서울 광화문에 우리나라 사람들이 존경하는 이순신 장군의 동상이 서 있듯이 중국을 대표하는 천안문 광장에는 모택동 사진을 걸어 놓은 것입니다.

 아빠는 유리의 손을 꼭 잡고 모택동 기념관으로 걸어갔습니다.

'모택동 주석 기념관'

 모택동 주석 기념관 앞에는 사람들이 길고 긴 줄을 이루며 서 있었습니다. 모두 기념관에 들어가려는 사람들이었습니다. 사람들은 경건한 표정으로 묵묵히 자신의 차례를 기다리고 있었습니다.

 유리와 아빠도 줄에 섰습니다. 그리고 기다리던 끝에 드디어 모택동 기념관에 들어갔습니다. 기념관 안으로 들어가기 전, 중국 사람들은 꽃을 샀습니다. 유리도 모택동을 존경하는 마음으로 꽃

을 샀습니다.

  기념관 안으로 들어선 순간, 모든 사람들은 입을 다물었습니다.
경건한 분위기가 기념관 안에 가득 찼습니다. 유리는 기념관 안에
서 어떻게 해야 하는지 물어보고 싶었지만, 입이 떨어지지 않았습
니다. 그저 아빠 손을 꼭 잡고 따라갔습니다.

  "이곳에 꽃을 놓으세요."

안내원은 큰 그림이 있는 모택동 동산으로 사람들을 안내했습니다. 유리를 비롯해 사람들이 정성스럽게 꽃을 바쳤습니다.

다시 사람들은 안내원을 따라 기념관 중앙으로 갔습니다. 중앙으로 들어서는 순간, 유리는 화들짝 놀라 소리를 지를 뻔했습니다.

"헉!"

유리는 서둘러 손으로 입을 막았습니다. 침 삼키는 소리도 들리지 않을 만큼 조용한 곳에서 큰 소리를 냈다간 창피할 것 같았기 때문입니다. 유리는 아빠를 올려다보았습니다. 왜 미리 말하지 않았느냐고 눈짓을 보냈습니다. 아빠는 한쪽 눈을 찡긋했습니다.

'아빠가 일부러 날 놀라게 하려고 말을 안 하셨구나. 정말 놀랐어.'

유리가 놀란 이유는 방 가운데에 모택동이 잠자는 것처럼 누워 있었기 때문입니다. 모택동이 누워 있는 자리 위에는 '위대한 영도자 모 주석 길이 빛나다' 라는 글이 있었습니다.

1976년 모택동이 죽고 중국 정부는 모택동을 영원히 기리기 위해 시신이 부패되지 않도록 보존하였습니다. 중국 사람들은 마치 살아 있는 듯이 누워 있는 모택동을 보려고 기념관에 오는 것입니다.

유리는 모택동을 내려다보며 마음속으로 말했습니다.

'국민이 나라의 주인이 되는 중화인민공화국을 만든 모택동 주석님. 국민을 위해 제도를 바꾸고 중국을 이끌어 간 용기와 지혜에 몹시 감탄했어요. 세상에는 완전한 것이 없으며 세상을 변화시키려면 사람들의 지혜와 힘, 그리고 용기가 필요하다고 말씀하셨지요? 저도 나중에 커서 좋은 세상을 만드는 데 힘을 쏟겠어요. 편히 잠드세요, 모택동 주석님.'

실사구시론

중국에서 최초의 '실사구시(實事求是)' 개념은 《한서(漢書)》라는 책에 나타납니다. 《한서》의 〈하간헌왕전(河間獻王傳)〉에는 "하간헌왕인 덕은…… 학문을 닦고 옛 것을 좋아했으며, 실제적인 일에서 타당함을 찾았다"고 기재되어 있습니다. 이것은 '실사구시'가 한조의 하간헌왕인 유덕(劉德)이 학문할 때, 우선 충분히 사실에 근거한 후에 다시 사실 속에서 진실한 결론을 이끌어 냈음을 지적한 것입니다.

그러나 중국에서 '실사구시'의 학풍은 한나라 이전부터 시작되었습니다. 춘추 시대 공자가 '실사구시'의 학풍을 견지한 이래, 이 '실사구시' 학풍으로 학문에 정진한 사람들 또한 적지 않습니다.

모택동은 중국 전통의 이 '실사구시' 학풍을 직접적으로 계승하고 강조했습니다. 모택동은 이러한 태도를 견지하며 중국의 실정을 실제로 조사하고 연구한 논문을 여러 편 발표했습니다. 그는 자주 "실제적인 일에서 타당함을 찾고 공허한 담론은 적극 경계하자"고 말하면서 자신뿐 아니라, 당시의 중국 학풍을 '실사구시'의 학풍으로 유도하는데 많은 기여를 했습니다.

　모택동의 이러한 '실사구시'적인 태도는 서양으로부터 수입된 철학 사상조차도 중국의 구체적인 실정에 맞추고 중국의 전통 사상과 결합하여 중국화 시켰습니다. 그는 내적인 면에서, 중국 전통 철학사에 등장하는, 인간의 의지에 관계없이 존재하며 시작도 끝도 없이 운동하고 변화하는 객관 대상, 자연에 대한 인간의 의지 부여와 인간과 자연의 변증법적 통일, 사후 세계를 인정하지 않는 현실적인 세계관, 인간의 의지를 통해 역사를 변혁시키고자 하는 사상과 서양의 변증법 사상을 결합시켜 새로운 중국 철학을 형성했습니다.

　그 중에서도 세계를 인식하고 변혁하는 면에서 객관 세계에 수동적으로 반응하지 않고, 인간 의지의 능동적인 작용을 통해 세계를 개조하고 변혁할 수 있을 것으로 여기면서 등장한 '자각 능동성'에 관한 부분은 그의 사상의 중요한 특징 가운데 하나라고 할 수 있습니다.

　또한 외적인 면에서 민주주의를 '민족'의 형식을 띠며 중국 민중의 '대중화'와 '통속화'의 방향으로 설정한 점, 많은 농민으로 구성되어 있는 중국의 상황을 고려하여 농민 중심의 농촌 혁명을 시작으로 중

국 전역을 혁명의 터전으로 전화시킨 점 등은 서양의 민주주의 국가와 차이가 있는 특징이라고 할 수 있습니다.

모택동은 이러한 중국 전통 사상과 서양의 이론을 배경으로 '실사구시'의 개념을 분석했습니다. 그는 '실사구시(實事求是)'에서 '실사'는 '객관적으로 존재하는 모든 사물', 즉 대상 세계라고 했습니다. 그는 이 대상 세계에 그 자체의 내부적인 연관이 있는 것으로 생각했습니다. 이 대상 세계 자체의 내적 연관은 바로 '법칙'인데, 이 법칙이 '실사구시'에서 '시'입니다. 그리고 '구'는 이 대상 세계의 법칙을 탐구하는 것입니다. 따라서 그의 '실사구시'는 객관 세계에 존재하는 법칙을 연구하여 찾는 것이기 때문에 추상적인 정의로부터 출발하지 않고, 객관적으로 존재하는 사실로부터 방침과 정책, 방법을 찾는 것입니다.

그러나 문제는 이 객관 세계가 고정되어 불변하는 세계가 아니라 한시도 고정되어 있지 않으며 끊임없이 운동하고 변화하는 세계이기 때문에 그 법칙을 발견하는 것이 결코 쉽지 않다는 데에 있습니다. 이러한 이유로 인해 일부는 대상을 고려하지 않은 정신 중심의 주관주의로 빠지고, 또 다른 일부는 대상에 직면하는 것을 중시하지만 그속에 흐르는 법칙을 발견하지 못하면서 행위만 중시하는 협애한 경험주의로 흐르는 경향이 있습니다. 모택동은 이러한 두 부류의 사상에 대해 불완전하고 편파적인 것으로 평가하였습니다.

따라서 그는 정확하게 객관 세계를 파악하고 현실의 모순을 극복하기 위해 주관과 객관의 변증법적인 통일의 '실사구시'적 실천 활동이 필요하다고 생각했습니다. 그는 이러한 자세로 중국이 당면한 문제를 해결하기 위해 노력했습니다. 그것은 결국 관념으로 현실을 구성하고 재단하는 것이 아닌, 실제에서 출발하는 자세를 요구하는 것입니다.

대동사상

대동사상(大同思想)은 대부분의 중국인들이 수천 년 동안 추구했던 이상적인 사상으로 《예기(禮記)》라는 책의 〈예운(禮運)편〉에 나오는데, 내용은 다음과 같습니다.

큰 도리를 행하면 세상이 공평해져서 착한 사람과 능력 있는 사람들이 정치를 하게 되고, 신의와 화목이 중시됩니다. 사람들은 다른 부모님을 나의 부모님과 같이 따뜻하게 대하고, 다른 집의 어린이를 나의 자식처럼 사랑으로 대합니다. 이 때문에 노인들은 돌아가실 때에 편안하게 돌아가실 수 있고, 젊은이들은 자기의 역량을 다하여 일을

할 수 있으며, 어린이들은 맑고 밝게 자랄 수 있습니다. 부모가 없는 아이, 남편을 잃은 아줌마, 아내를 잃은 아저씨, 자식을 잃은 노인 등 외로운 환경에 처한 사람들도 외롭지 않도록 배려합니다. 남자들은 직분에 맞게 일하고, 여자들은 가정을 갖게 됩니다. 경제는 낭비하지 않으면서도 자기만을 위해 축적하지 않고, 자신이 열심히 노력을 하면서도 자기만을 위하지 않습니다. 이 때문에 모략과 술수 등이 일어나지 않고, 도적과 강도 등 흉악범들도 나타나지 않습니다. 또한 집의 문을 닫지 않아도 괜찮습니다. 이것을 대동이라고 합니다.

모택동 역시 이 대동사상을 매우 중시했습니다. 그는 이와 같은 대동사회가 자신의 시대에 실현될 수 있도록 온갖 노력을 기울였습니다. 그는 우선 당시의 중국을 침략한 일본 제국주의를 몰아내기 위해 많은 노력을 기울였습니다. 왜냐하면 일본 제국주의는 자신들의 이익을 위해 다른 나라를 침략하여 다른 나라의 국민을 고통스럽게 하는 것으로, 대동사상의 의도와 정면으로 배치되는 것이기 때문입니다. 이것은 마치 이야기에서 택준이 모순 마을을 침략한 도적들을 몰아내는 것과 같습니다.

또한 모택동은 배우지 못한 사람, 적게 배운 사람, 가난한 사람, 농민, 노동자 등 당시 사회에서 약자의 위치에 있는 서민들의 권리를 회복하기 위해 노력했습니다. 그는 당시의 중국에서 다수를 차지하고 있던 이와 같은 서민들의 권리를 침해하면서 오로지 자신들의 이익만 추구했던 일부 몰지각한 부자와 권세가들과 맞서 싸웠습니다. 어려운 처지에 있는 사람들의 인권을 침해하며 자신들의 이익만 추구하는 사람들의 태도는 대동사상의 뜻과 정면으로 배치되기 때문입니다. 이것은 마치 이야기에서 택준이 고통받는 모순 마을 사람들의 인권을 회복하기 위해 장 이장의 태도를 비판한 것과 같습니다.

　결국 모택동은 중국 전통의 이상적인 대동사상을 자신의 시대에 맞는 사상으로 활용하여, 가난하고 힘없는 사람들이 인간답게 사는 사회를 만들기 위해 노력했던 것입니다. 그렇기 때문에 그의 사상은 사회적인 약자의 인격을 경시하며 자신의 이익을 확대하고자 하는 사람의 관점에서 보면 비판의 대상이 될 수 있지만, 사회적인 약자를 비롯한 사회 구성원들 각자의 인격을 존중함과 아울러 서로 협력하여 평화로운 사회를 건설하고자 하는 사람들에게는 참고할 만한 가치가 있는 사상이라고 할 수 있습니다.

에필로그

아빠와 유리는 모택동 기념관에서 나왔습니다. 천안문 광장은 여전히 많은 사람들로 붐볐습니다. 유리는 사람들 얼굴을 찬찬히 바라보았습니다. 사람들은 모두 다른 얼굴과 표정을 짓고 있었습니다.

"아빠, 사람들의 얼굴 모습이 다르듯이 생각도 다른 것 같아요."

아빠는 깜짝 놀라며 유리를 내려다보았습니다.

"왜 그런 생각을 했니?"

"어제 아빠가 해 준 이야기를 듣고 밤새 생각했어요. 저는 사람들 생각이 모두 비슷한 줄 알았어요. 하지만 모택동이나 장개석만 봐도 그렇고요, 수많은 사람들이 서로 다르다는 걸 깨달았어요. 그리고 자기 생각만 옳고 다른 사람의 생각이 잘못됐다고 함부로 말해선 안 된다는 것도 알았고요."

아빠는 유리가 대견하든 듯 머리를 쓰다듬었습니다.

"그래, 근거 없이 자기 생각만 옳다고 주장하면 싸움이 벌어지는 거야.

많은 사람들이 사는 세상에서 평화롭게 살려면 차이가 있다는 걸 존중해야 해. 이런 차이를 알고 많은 의견들을 합리적으로 모아 바람직하게 실천하는 사람이야말로 진정한 지도자라고 할 수 있지."

아빠와 유리는 사진 속의 모택동 주석을 바라보며 손을 꼭 잡고 천안문을 지나갔습니다.

통합형 논술
활용노트

01 모순(矛盾)이란 무슨 뜻인가요? 유리의 아빠가 유리에게 해 준 이
야기 속의 모순 마을은 모순의 뜻과 무슨 관계가 있는지 생각해
봅시다.

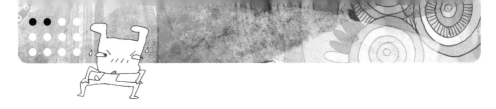

02 진정한 지도자란 어떤 사람일까요? 여러분이 생각하는 진정한 지도자의 기준에 맞춰 장씨가 이장으로서 진정한 지도자가 되지 못하는 이유를 써 봅시다.

03 마을에서 쫓겨난 모택준과 친구들은 대장정을 통해 여러 마을에서 처음에는 환영받았지만 지주를 몰아내고 권리를 되찾게 해준다는 말을 한 이후에는 마을에서 쫓겨나게 됩니다. 모택준은 그 이유가 무엇이라고 생각했나요? 그리고 앞으로 어떻게 하기로 마음먹었나요?

04 새로운 이장이 된 택준이 모순 마을의 문제점이라고 말했던 것은 무엇이었나요? 그 문제를 고치고 새로 시행할 제도는 어떤 것이었나요?

05 장개석 총통과 모택동 둘 다 국민의 편에 섰지만 실제로 한 일은 많이 달랐습니다. 이렇게 차이가 나는 원인은 무엇이었나요

06 중국인들이 수천 년 동안 추구했던 이상적인 사상인 대동사상은 어떤 사상인가요? 또한 모택동은 이 대동사상이 자신의 시대에 실현될 수 있도록 어떤 노력을 기울였나요?

통합형 논술
문제풀이

01 모순이라는 말은 중국 고대의 《한비자》라는 책에 나오는 말로 세상 어떤 것도 뚫을 수 있는 창과 어떤 것도 막아 내는 방패라는 뜻으로 서로 마주하는 두 관계 사이에 끼어들 틈이 없이 서로 어긋나 있는 상태를 말합니다. 삶과 죽음, 있음과 없음 등의 관계가 여기에 해당하는 대표적인 말입니다.

모순 마을의 순박하고 착한 마을 사람들은 열심히 일했지만 가난했습니다. 그러나 땅을 가진 장씨는 직접 일하지 않고 마을 사람들을 부리면서 부유한 삶을 누릴 수 있었습니다. 열심히 일한 사람들이 임금을 제대로 받지 못해 가난한 삶을 살고 땅을 가진 사람은 일을 하지 않아도 부유한 삶을 사는 것 자체가 서로 어긋나 있는 모순 상태라고 생각합니다.

02 진정한 지도자는 가난하고 힘없는 사람들을 헤아리고, 어떻게 하면 잘살도록 도와줄까 노력하는 사람입니다. 그러나 장씨는 마을 사람들이 일한 품삯도 제대로 주지 않고 마을을 위해 일하겠다고

이장이 되었지만 마을을 위한 일은 전혀 하지 않았습니다. 마을 사람들이 착하고 순박하다는 점을 이용해 자신의 재산을 늘린 장씨는 훌륭한 지도자라고 할 수 없습니다.

03 마을 사람들을 자신들이 가르쳐야 하는 대상이라고 생각했기 때문입니다.

마을 사람들의 마음을 헤아리고 어루만지기보다 모택준 자신들을 뽐내기 바빴던 것입니다. 자신들의 주장만 밀어붙였지 마을 사람들의 생각은 물어보지 않고 잘난 체했기 때문이라고 생각했습니다. 그래서 모택준은 마을 사람들의 눈높이에 맞춰 그들의 이야기를 듣고 그들이 원하는 것이 무엇인지를 알아본 다음 행동하기로 했습니다. 그래서 마을 사람들과 대화하고 심부름을 하는 등 함께 일해 그들의 마음을 이해했습니다.

04 장씨를 비롯한 몇 사람만 논과 밭을 갖고 많은 사람은 땅을 전혀

가지고 있지 못하다는 것입니다. 내 땅이 없으니 남의 땅에서 일하고 적은 품삯을 받아야 하고 풍년이 들더라도 품삯은 오르지 않았습니다. 그래서 땅 가진 사람들은 일하는 사람들을 함부로 취급했습니다. 그래서 마을 공동으로 땅을 가지고 마을 사람들이 함께 농사를 지어 일한 만큼 가져가도록 했습니다. 그리고 일을 할 수 없는 노인이나 어린이, 임산부, 학생은 마을 공동으로 경비를 주어 생활하도록 하고 병원비, 학비, 주택비 등 많은 돈이 드는 것은 마을 공동의 경비를 사용하도록 했습니다.

05 장개석 총통과 모택동 주석이 말하는 국민의 내용에 차이가 있었기 때문입니다.

장개석 총통이 말하는 국민의 주된 내용은 주로 사회적으로 이미 많은 것을 이룬 사람들을 일컫는 것이었고, 모택동 주석이 말하는 국민의 주된 내용은 기존의 사회 구조에서 권리를 획득하지 못한 가난한 서민을 말한 것이었기 때문입니다.

06 대동사상은 대부분의 중국인들이 수천 년 동안 추구했던 이상적인 사상으로 《예기》라는 책의 〈예운편〉에 나옵니다. 큰 도리를 행하면 세상이 공평해져서 착한 사람과 능력 있는 사람이 정치를 하게 되고 신의와 화목이 중시된다는 것이 주된 내용입니다.

모택동은 이 대동사상을 매우 중요하게 생각했고 이것이 자기 시대에 실현될 수 있도록 많은 노력을 기울였습니다. 우선 당시의 중국을 침략한 일본 제국주의를 몰아내기 위해 힘을 쏟았습니다. 왜냐하면 일본의 제국주의는 다른 나라의 국민을 고통스럽게 한 것으로 대동사상의 의도와 정면으로 배치되는 것이기 때문입니다. 또한 서민과 농민, 노동자 등 약자인 국민들의 권리를 회복하기 위해 노력하였습니다.